Yin e Yang

Yin e Yang

A Harmonia Taoísta dos Opostos

J. C. Cooper

Tradução
João Azenha Jr.

Martins Fontes
São Paulo 1999

Título original: YIN & YANG, THE TAOIST HARMONY OF OPPOSITES.

1ª edição
outubro de 1985
2ª edição
setembro de 1999

Tradução
JOÃO AZENHA JR.

Revisão da tradução
Silvana Vieira
Revisão gráfica
Maria Inês Montenegro de Azevedo
Sandra Rodrigues Garcia
Produção gráfica
Geraldo Alves
Paginação/Fotolitos
Studio 3 Desenvolvimento Editorial (6957-7653)
Capa
Katia Harumi Terasaka

Dados Internacionais de Catalogação na Publicação (CIP)
(Câmara Brasileira do Livro, SP, Brasil)

Cooper, J. C.
Yin e Yang : a harmonia taoísta dos opostos / J. C. Cooper ; [tradução João Azenha Júnior]. – 2ª ed. – São Paulo : Martins Fontes, 1999.

Título original: Yin & Yang.
ISBN 85-336-1119-6

1. Taoísmo 2. Yin-Yang I. Título.

99-3670 CDD-181.09514

Índices para catálogo sistemático:
1. Yin-Yang : Taoísmo : Filosofia 181.09514

Livraria Martins Fontes Editora Ltda.
Rua Conselheiro Ramalho, 330/340
01325-000 São Paulo SP Brasil
Tel. (11) 239-3677 Fax (11) 3105-6867
e-mail: info@martinsfontes.com
http://www.martinsfontes.com

Índice

Agradecimentos

Agradeço a Francis Clive-Ross a gentil permissão de reproduzir o Capítulo 5, publicado em *Studies in Comparative Religion*, outono de 1975, com o título de "O simbolismo do Jardim Taoísta".

A polaridade, ou ação e reação, é encontrada em qualquer parte da Natureza; nas trevas e na luz; no calor e no frio; no fluxo e no refluxo das águas; no masculino e no feminino; na inspiração e na expiração de plantas e animais; na equação de qualidade e quantidade dos fluidos do corpo animal... Um dualismo inevitável divide a Natureza em duas, de modo que cada coisa é uma metade e implica uma outra para tornar-se inteira. Portanto, sendo o mundo dual, também o são todos os que fazem parte dele. Todo o sistema de coisas está representado em cada partícula... O mesmo dualismo subjaz na natureza e na condição do homem. Todo excesso causa uma escassez; toda escassez, um excesso. Todo doce tem seu azedo; todo mal, seu bem.

R. W. EMERSON

Introdução

Existem duas principais correntes de pensamento que explicam as origens do Taoísmo. A primeira considera-o a evolução de um animismo primitivo e de práticas mágicas, e, para sustentar esta teoria, existe a lenda do Imperador Amarelo, que viveu há cerca de três mil anos antes de Cristo, segundo a qual ele teria recebido ensinamentos de magia, misticismo e amor de suas três Mulheres, ou Servas Imortais. Outros pretendem que, embora a doutrina do Tao já existisse anteriormente, o Taoísmo clássico somente teve seu início com Li Erh, popularmente conhecido como Lao Tzu (o Velho Filósofo ou o Velho Garoto), que viveu por volta do ano 600 a.C. A filosofia criada por ele foi desenvolvida mais tarde por Chuang Tzu, transformando-se em refinados ensinamentos metafísicos, bem como em um protesto contra a magia e as superstições populares. Se o Imperador Amarelo estudou a magia associada ao Tao, parece razoável supor que o elemento mágico, mais tarde tão evidente no Taoísmo decadente, estivesse presente desde o início, embora fosse considerado indesejável e irrelevante, razão pela qual foi expurgado dos ensinamentos de Lao Tzu e de Chuang Tzu. Seja considerando-se a primeira, seja considerando-se a segunda teoria, fato é que inexistem textos autênticos, além de apenas alguns fragmentos, anteriores ao *Tao Te Ching*, de Lao Tzu, e ao *Livro de Chuang Tzu*; fato é que o Taoísmo clássico, tal como é hoje conhecido, tem por base esses escritos. Nunca uma filosofia de âmbito universal repousou sobre bases tão estreitas. O *Tao Te Ching*, o livro mais traduzido depois da Bíblia, consiste em apenas cinco mil palavras, já o livro de Chuang Tzu, embora contendo trinta e três capítulos em sua forma atual, teve, ao que tudo indica, seus sete primeiros "capítulos interiores" ampliados por textos adicionais redigidos posteriormente, um hábito bastante freqüente entre os escritores clássicos chineses.

No Taoísmo tradicional de Lao Tzu e de Chuang Tzu, a cosmologia, a filosofia e a religião estão intimamente ligadas; por outro lado, os padrões convencionais da ética, da falsa moral e da sofisticação são ridicularizados, enquanto os rituais absurdos e a magia são desprezados. O Taoísmo é a filosofia das relações e da arte de viver; trata da plenitude da Natureza e do lugar que nela o homem ocupa. É a filosofia do ritmo da vida e da simplicidade da mente e do espírito, bem como da ausência de atividade premeditada – conforme expressa na doutrina do *wu-wei* – e da presença da espontaneidade, do equilíbrio e da harmonia. Não se trata de uma filosofia de renúncia ao mundo, mas de um afastamento de tudo quanto seja artificial, sofisticado e inútil; trata-se de "usar a luz interior para retornar à clareza natural da visão" e de "viver em contato com o mundo, embora em harmonia com a luz". É um processo de esclarecimento natural através de uma clareza de percepção e de conhecimento, que observa mas que não se abandona à crítica e à análise, as quais levam, necessariamente, a uma separação entre o observador e a coisa observada.

O objetivo fundamental do Taoísmo é a obtenção de equilíbrio e de harmonia entre o *yin* e o *yang*, conhecidos como As Duas Grandes Forças, os dois pólos entre os quais têm lugar todas as formas de manifestação. Esse equilíbrio e essa harmonia devem ser obtidos tanto no próprio homem como no mundo, até que os dois sejam Um; contudo, é inútil tentar impor tal noção ao mundo de fora para dentro: uma pessoa só pode reformar o seu próprio ser, e até que o ser esteja em equilíbrio e tenha alcançado a total inocuidade, tanto em relação a si mesmo, como em relação aos outros, ela nada pode oferecer de digno ao mundo em geral. É por esta razão que o Taoísmo e o Confucionismo sempre transmitiram seus ensinamentos através de exemplos. "O Sábio fala sem palavras"; se o Sábio não irradiar a sabedoria e a bondade de um santo, pode poupar-se ao trabalho de ensiná-las; ninguém será enganado por muito tempo. Emerson traz ao Ocidente a mesma mensagem, quando diz: "Aquilo que somos é nosso dever ensinar, não voluntária, mas involuntariamente."

Tanto o Taoísmo como o Confucionismo fazem uso da palavra "Tao", o "Caminho", que já era empregada antes mesmo de terem surgido; também ambos se referem aos "Sábios da Antiguidade"; para o confucionista, porém, o Caminho é ético, ao passo que para Lao Tzu e Chuang Tzu, é metafísico. "Nem por um instante o homem perfeito abandona o caminho da virtude"; tal afirmação é interpretada pelo confucionista como um estado de rígida conformidade com *li* – ou seja, com a propriedade, a moralidade, o cerimonial, o princípio; para o taoísta, a virtude não está na moralidade, e sim a uma qualidade interior de obediência ao Natural, na simplicidade e na espontaneidade. Tal noção não implica a perseguição de um objetivo; oferece apenas uma Pista, um Caminho. Perseguir um objetivo significa isolar o objeto; em vez de uma meta, o que existe é uma experiência de vida imparcial e uma absorção de vida, pois o Caminho e o Caminhante são fundamentalmente uma única coisa.

O Taoísmo recorre com freqüência ao paradoxo para transmitir seus ensinamentos; e um de seus paradoxos é que a simplicidade é necessária para se lidar com as complexidades da vida, tanto na natureza humana como no próprio ser. Ampliando esse paradoxo, poder-se-ia dizer que a simplicidade é extremamente difícil. Fácil é complicar as coisas, envolver-se na trama infinita do pensamento, em análises, em críticas severas, fácil é usar a imaginação, é reagir a idéias convencionais, preconceitos e preferências; fácil é abandonar-se a "algo para fazer" ou a "algo em que pensar", em vez de se tentar acalmar a mente irrequieta e descobrir a futilidade da ação premeditada, que só conduz à separação, à resistência, à ética, ao farisaísmo e à disputa derradeira. A metade dos chamados problemas da vida são criados por essa mente irrequieta para alimentar sua necessidade de "algo para fazer" e para desviar sua atenção da única ação válida, o *wu-wei*, ou a ausência de atividade, que lhe possibilita acalmar-se, cessar suas futilidades e ver a si mesma e a todas as coisas como realmente são, obtendo, assim, o equilíbrio e a harmonia que transcendem a ambas, ação e não-ação, e que permitem manter um desligamento em meio à atividade e a prontidão para a ação necessária no estado de desligamento, *Wu-wei*. Também proporcionam a capacidade de dar sem esgotamento ou diminuição de força.

Para o Taoísmo, o homem não é a medida do universo. Todas as coisas vivas compartilham da Natureza, nela têm seu lugar e com ela se relacionam, além de fazerem parte do *yin* e do *yang*. O elemento natural é o que deve regular todas as coisas. "O Sábio acompanha a Natureza ao estabelecer ordem; ele mesmo não inventa princípios." A posição do homem é a de mediador entre as Duas Grandes Forças – Céu e Terra –, e seu dever é manter o equilíbrio entre elas, física, mental e espiritualmente. O homem ocupa a posição central, o Meio, chamado no Taoísmo e no Budismo de Caminho do Meio, localizado entre os dois extremos – uma posição que possibilita ao homem comunicar-se com ambos os mundos, e um ponto de vista a partir do qual os opostos podem ser vistos tanto em sua relatividade e aspectos contrários, como em sua unidade. O homem deve trazer o elemento espiritual para a terra e elevar a terra ao espiritual. Isso se consegue mantendo *yin* e *yang* em equilíbrio, evitando-se todos os extremos e estabelecendo a harmonia. Não é sem razão que o Meio é chamado de "o meio feliz".

No Taoísmo, o Um primordial transforma-se em Dois na criação, o Dois transforma-se em Três, e assim por diante em uma multiplicidade sempre crescente no reino dos fenômenos e da manifestação. Esta multiplicidade é chamada de As Dez Mil Coisas, "Dez Mil" representando o incontável. O Tao, na condição de Um, o Todo, abrangendo tanto o que é único como o que é trivial no mundo, existe tanto nas tarefas comuns do dia-a-dia, como na mais fina expressão da genialidade humana, nas artes, na religião e na filosofia. É a fonte imutável das infinitas mudanças e transformações da Natureza e do mundo visível; é a fonte passiva da atividade. Como o Todo, o Pleroma, o Tao está além da mente racional; como um objeto de pensamento, não pode abarcar o pensamento em si, podendo apenas ser expresso simbolicamente, ou vivenciado até certo ponto em estados supra-racionais de intuição e misticismo. É o Não-Manifesto; algo que sempre existiu por toda a eternidade. "Descobri-lo" significa apenas enxergar o que sempre existiu. Não pode ser adequadamente expresso, uma vez que é o Inexprimível. Chuang Tzu o chama de *Ta T'ung*, o Grande Infinito, livre de toda determinação, onde não existem espaço e tempo. Ele diz que o Tao só pode ser entendido por inferência.

O Uno e o Múltiplo nunca podem ser separados, já que nenhum deles tem qualquer significado, senão em relação um com o outro. Tal noção pode ser encontrada simbolicamente na tecelagem, através da combinação dos muitos fios que compõem um mesmo tecido: o *yin* horizontal unido ao *yang* vertical na interação do movimento de ir e vir, no fluxo alternante, que contém ambas, a possibilidade e a probabilidade de intercâmbio e troca, que resultam na unificação final de forças aparentemente conflitantes. Tal conceito é muito bem expresso por Browning no entrelaçamento dos fios de um tapete:

... separadas, esta forte coloração,
Aquela obscuridade diluída, ou chocam os olhos,
Tão ofuscante é seu brilho, ou então novamente ferem
Devido ao embotamento, – embora as duas, justapostas,
De alguma forma produzam uma coloração que nasce de ambas.

Não há, portanto, um "este" separado de um "aquele", assim como nenhum conhecimento místico pode ser obtido a partir da separação, de fora para dentro; deve ser um penetrar, uma total absorção; a essência do misticismo está no fato de ele transcender espaço e tempo e todas as dualidades, e revelar o reino do indiferenciado.

* * *

Os capítulos seguintes têm por objetivo ampliar as noções expostas no capítulo introdutório de *Taoísmo, o caminho do místico** que trata dos conceitos de *yin* e *yang*, mostrando a relação entre as Duas Gran-

* Martins Fontes, 1984. (N. do E.)

des Forças e os ensinamentos taoístas de percepção, simplicidade, equilíbrio e harmonia, bem como sua posterior associação com o *I Ching*. Referências também serão feitas com relação a seus pontos de contato com a filosofia tradicional e com outras grandes religiões, na tentativa de ilustrar o modo como, em muitos pontos básicos, elas falam a uma só voz.

I. O yin *e o* yang

O Taoísmo tradicional, ou clássico, é a mais intelectual de todas as religiões ou filosofias, mas não há nada de unilateral nele: envolve o homem por inteiro, mental, emocional e espiritualmente. Não só inclui a sabedoria de Lao Tzu e a poesia metafísica de Chuang Tzu, como também foi a fonte de inspiração para a pintura e a poesia mais requintada e evocativa, indo do sublime ao humorístico ou cáustico, deu origem a uma civilização mestra em todas as artes e ofícios.

O Taoísmo adota como religião um ponto de vista antes cosmológico do que teológico. Busca a força criativa na Natureza, e não em uma força exterior, apartada da coisa a que dá origem. "O místico taoísta, absorvido pela vastidão do cosmos e identificando-se com ele, sentia-se impregnado por todas as forças do próprio universo."[1] Estas se manifestam através das Duas Grandes Forças, o *yin* e o *yang*, as formas alternantes da força criativa, tal como se manifesta no mundo; elas são a substância primordial na diferenciação: o *yin* sendo o físico, o emocional, o cerebral, a inércia, o quadrado; o *yang*, a inteligência, a energia, o espiritual, o círculo. São o passivo e o ativo, a resistência e a geração, mantidas em proporção uma com a outra através da energia despendida. Tudo o que se relaciona com o conceito de *yin-yang* implica o que é inseparável, incapaz de se manter, exceto quando em relação. São dois aspectos da mesma e única força, mas em polaridade distinguem-se da dualidade absoluta.

Os opostos têm uma necessidade vital um do outro, assim como o ser humano não pode viver sem se relacionar, e tentar fazer isso leva ou à estagnação ou à predisposição para o mal-estar mental e espiritual. Tal interação de opostos possui seu estágio simples, elementar, na reação inconsciente, uma força impelida por natureza, mas ainda não agindo conscientemente como um indivíduo integrado e, conseqüentemente, dando origem a um conflito nos dois lados da natureza humana, à semelhança do conflito existente entre as necessidades do indivíduo e as da sociedade. Cabe ao indivíduo encontrar o equilíbrio, e isto requer uma adaptação e um ajuste espontâneos a todas as situações e relações na vida. Atinge-se este equilíbrio identificando os extremos, os opostos, e compreendendo seu significado. Como

1. H. G. Creel. *What is Taoism?*, Chicago (1970).

tudo no mundo visível, o reino do dualismo surge da relação entre os dois opostos polares, o *yin* e o *yang*, a preocupação central da vida é entendê-los e mantê-los em equilíbrio e harmonia.

É errôneo traduzir os apostos por "masculino" e "feminino" – os dois termos possuem forte carga semântica no Ocidente; é preferível considerá-los como as forças passiva e ativa, receptiva e criativa da Natureza: os aspectos masculino e feminino certamente têm seu lugar, mas são apenas um aspecto entre infinitos outros, os quais, por sua vez, podem ser novamente subdivididos. O aspecto ativo pode ser representado pelos elementos do ar e do fogo, e o passivo, pela água e pela terra; e assim por diante até as infinitas divisões das Dez Mil Coisas, o mundo da multiplicidade.

O conceito mais primitivo destes opostos complementares foi provavelmente o da Grande Mãe Terra, a Tellus Mater, de cuja fertilidade dependiam a vida do homem e do animal. Ela controlava não apenas a terra, mas também as águas; e uma vez que a vida teve sua origem na água e foi finalmente devolvida à terra, ela também controlava o após-vida. Seu oposto e cônjuge era o Pai Céu, que comandava as forças do sol e do trovão, o calor e a chuva necessários para a fertilidade e o crescimento na Mãe Terra. Mais tarde, o mesmo simbolismo foi expresso na Alquimia, na qual o *yin*, o Mercúrio alquímico, ou a força feminina, dissolve o Enxofre masculino, o *yang*, e o ativa através da tensão, devolvendo-lhe sua verdadeira natureza; o Enxofre então "fixa" o Mercúrio volátil e a interação entre as duas forças geradoras liberta-os de suas limitações. Isto, por sua vez, conduz à representação do masculino-feminino, céu e terra como uma unidade, uma única figura, o Andrógino. No Hinduísmo esse conceito é encontrado na figura de Shiva e de sua Shakti, do Deus Celestial Dyaus e de Prithivi, e em outras religiões como a deusa de barba ou o jovem efeminado, o Deus Moribundo que aparece em cultos antigos da Magna Mater. Trata-se de uma expressão do *yin-yang* reabsorvidos na unidade primordial, da qual tudo emerge e para a qual tudo retorna.

De um lado, os contrários são complementares e cooperativos; de outro, são mutuamente destrutivos ou exclusivos, assim como a luz e as trevas não podem existir sem que uma elimine a outra; contudo, uma só pode existir justapondo-se à outra. O que existe é uma relação bilateral de semelhança e dessemelhança; existem qualidades complementares, mas também há tensões e uma pressão na direção oposta; trata-se, porém, de uma tensão de equilíbrio e não de antagonismo e – conforme se pode observar no simbolismo da Alquimia – os opostos podem-se transformar mutuamente. A criação, da forma como a conhecemos, somente pode ocorrer em situações de interação de opostos, mas "todos os contrários deixam de existir como tais no momento em que são observados a partir de um plano mais elevado do que aquele em que sua oposição efetivamente existia". A base da transformação e da transmutação é a aceitação do todo com seus aspectos positivos e negativos. A *via negativa* opera através da rejeição de coisas que não são, *neti, neti*, nem isto, nem aquilo, e a positiva desempenha seu papel complementar através da aceitação das coisas como elas são, não como se imagina ou se espera que elas sejam. Esta é a base da Alquimia taoísta, que trabalha em ambos os aspectos, aceitando e utilizando a diversidade complementar destes na tarefa de transmutação das partes individuais no todo, o Uno.

Sabe-se que as forças positivas e negativas podem mudar de posição em diferentes planos – como de fato o fazem –, tal como ocorre no plano emocional, onde o aspecto feminino assume o positivo e o masculino torna-se negativo; a mudança ocorre de plano para plano, tanto para cima como para baixo. O dar-e-receber da coincidência dos opostos também pode ser observado no múltiplo e no Uno; o Uno dá origem ao múltiplo e este finalmente se dissolve naquele; a tese dá origem à antítese, cada uma delas implicando, exigindo e agindo sobre a outra até a síntese final. No dualismo, tudo é reflexo do Uno, do Real. Assim como a lua toma emprestada a luz do sol, também a manifestação empresta sua existência daquilo que está além dela e que, em última análise, a unifica. O mundo relativo brilha com a luz do Absoluto.

É preciso que se tenha em mente que os opostos estão sempre ligados, na mesma medida em que se opõem. Nas palavras de Goeje: "Uma idéia somente é real em relação à sua oposta." E prossegue: "Uma atitude mental faz com que entendamos o contraste entre os opostos, ao passo que é necessária uma atitude diferente para entendermos sua unidade." A enumeração dos opostos seria infinita, uma vez que eles perpassam todo o mundo da manifestação nos planos físico e mental, positivo e negativo, intelectual e

Figura 1: o yin-yang *em seu aspecto fluido.*

emocional, masculino e feminino, Sol e Lua, razão e intuição, altura e profundidade, luz e sombra, expiração e inspiração, dinâmica e estática, ação e pensamento, atração e repulsão, existência e não-existência, e assim por diante até o infinito. Não deveria haver antagonismo entre os opostos, pois intelecto e emoção, corpo e espírito, por exemplo, trabalham juntos e em harmonia na pessoa equilibrada. Platão fala de colaboração entre eles.

Como o fogo e a água, a maior parte das coisas podem ser boas ou más em seus aspectos duais e seu impacto; elas são neutras em si, mas seus efeitos podem ser benéficos ou desastrosos. A opinião, a discriminação dualística, divide as pessoas e as nações em facções, cada uma delas com noções preconcebidas no que se refere ao que é certo ou errado para elas e para todos os outros. O indivíduo tem que pertencer ou à "direita" ou à "esquerda", ser capitalista ou socialista, fascista ou comunista, apesar de a história deixar bem claro que os extremos se encontram e que o fascismo e o comunismo igualmente impõem um estado totalitário, baseado em campos de concentração e total repressão da liberdade individual, nos quais governa uma elite, "O Partido".

Estas mesmas forças podem ser boas ou más. O impulso, a força e o pensamento imprimidos em qualquer ação podem, dependendo do objetivo do esforço e da intenção, gerar o bem ou o mal, tanto para as pessoas que manipulam as energias como para aquelas às quais as energias são dirigidas. O impulso que o criminoso dá ao crime é o mesmo que a pessoa bem-intencionada aplica em ajudar os outros, diferenciando-se apenas quanto ao motivo e o objetivo. O ódio e o amor fazem uso das mesmas possibilidades e forças na humanidade. No caso daquilo que é tido como bom, a participação ativa, a abordagem positiva, é considerada certa. No caso do que se tem como errado, a atitude negativa, a abstenção, é considerada certa. Para além disto está o terceiro mediador, a ação desmotivada, a espontaneidade, em que se enfrenta uma situação sem reação positiva ou negativa, mas com total naturalidade. Entretanto, antes de alcançarem tal estado, indivíduo e sociedade dependem de códigos morais, baseados sobretudo em proibições, as quais são inevitavelmente castradoras e constituem a antítese da espontaneidade. Nenhuma observação no mundo da dualidade permite que se vislumbre o todo; conseqüentemente, não pode ser absolutamente certa. Não é de admirar que muitos de nossos julgamentos, tanto no plano individual quanto no social, produzam tantos resultados infelizes quando baseados na presunção errônea de que vemos o todo. Muitos dos problemas ou conflitos entre conceitos supostamente contraditórios devem-se ao fato de serem incorretamente colocados num primeiro plano, e de serem vistos como antagônicos, em vez de considerados como estando em cooperação e interação.

O mundo ocidental nutre uma paixão fervorosa pela certeza; exige-se um enfoque "positivo", um posicionamento positivo, uma atitude bem definida; entretanto, a vida e a Natureza estão cheias de incertezas. Nas palavras de Tennyson: "Nada que valha a pena provar pode ser provado, nem refutado."[2] O processo da experiência de vida, explorando, avançando ou regredindo, requer a mente aberta, uma predisposição ao aprendizado e à indagação mais do que um caminho estabelecido para um objetivo imaginado. Por esta razão, ensina o Budismo: "Se queres que a verdade apareça claramente diante de teus olhos, nunca sejas a favor ou contra. A briga entre estar a favor ou contra é a pior enfermidade da mente."[3]

Novamente a mente ocidental sente-se inclinada a enfatizar excessivamente o valor da objetividade; o prêmio é reservado à "atitude objetiva", enquanto a condenação consiste em chamar alguma coisa de "meramente subjetiva". De fato, o que pode ser totalmente objetivo? Mesmo que algum segmento do conhecimento ou da experiência seja compartilhado ou fatual, seu impacto sobre o indivíduo é subjetivo. É possível ser absolutamente objetivo na maioria das coisas que interessam, como o amor, a devoção, a beleza; a análise mata instantaneamente a resposta natural. De outra parte, o excesso de subjetividade gera o egocentrismo e o sentimentalismo. Ambos os aspectos precisam ser mantidos em equilíbrio. Na

---

2. *The Ancient Sage.*

3. Takakusu, Junjiro, *The Essentials of Buddhist Philosophy* (1967).

tentativa de ser totalmente objetivo, o indivíduo se afasta e observa a experiência ou o evento, interrompendo o fluxo natural da percepção e entregando-se à teoria e à crítica, tornando-se assim um espectador, apartado do fluxo da vida; em completa subjetividade, ao contrário, o indivíduo é tragado pelas águas. O terceiro mediador é a libertação do ego na percepção vivida; tais são os momentos e experiências de suprema revelação, beleza, carisma. A identidade suprema liberta o ser e todo o seu conhecimento consciente; nada permanece, nem do objetivo enquanto coisa percebida, nem do subjetivo enquanto o que percebe; desaparece a relação sujeito-objeto.

O Taoísmo jamais rejeita o mundo dos sentidos e a vida comum; ao contrário mantém-nos em perspectiva, utilizando-os como meios para transcendê-los. Ignorar o mundo sensorial seria eliminar as inúmeras artes às quais o Taoísmo deu vida com êxito notável. Os sentidos são, conforme descritos em *A doutrina do meio*, os instrumentos de uma força motriz vital no homem, cujo dever é desenvolvê-la. O mundo dos sentidos não é nem procurado nem negado, mas aceito. "A afeição e a aversão pelos objetos do sentido residem nos sentidos, mas não permita que ninguém fique sob o domínio desses dois; eles são seus adversários."[4] Os dados sensoriais e os métodos empíricos certamente são necessários à obtenção de conhecimento e perspectiva no mundo fenomenológico, mas, por natureza, são ingênuos e limitados, não podendo lidar com o conhecimento não-físi-

---

4. *Bhagavad Gita*, III, 34.

co e com as forças que se manifestam na mente e no espírito; por definição, tudo o que é terreno está necessariamente aquém do ideal; toda percepção sensorial é relativa, e a imperfeição é inerente na manifestação e na multiplicidade. Na verdade, uma grande quantidade de dados pode ser armazenada através dos sentidos e, presumivelmente, ao fim de algum tempo, quantitativamente tudo; mas trata-se de um problema de qualidade, em que a quantidade é irrelevante. Não há ilusão maior do que pensar que o homem nada mais é do que seu corpo e seus sentidos; na percepção sensorial, o indivíduo vê apenas resultados e conseqüências, não a coisa em si. Platão ensinava que os elementos do homem estão em desordem, mas podem ser harmonizados pelo princípio de uma escala, em que os sentidos seriam o grau mínimo e o Mundo das Idéias o máximo.

Os sentidos reproduzem apenas uma quantidade e tipo limitados de fatos que, é lícito supor, são extraídos de uma fonte maior e inexaurível. As experiências transmitidas por eles tendem ao preestabelecimento e ao julgamento antecipado de idéias sobre uma pessoa, coisa ou situação qualquer, e à adaptação de tudo a uma estrutura aceita ou aceitável, gerando um ponto de vista mental que está mais interessado na forma, cor e posição de cada peça do quebra-cabeça, do que na imagem global construída. Não é possível, apenas através dos sentidos, obter uma imagem global assim como se pode entender o todo de um rio através da drenagem e da análise de uma amostra de água retirada dele. Mêncio diz que o homem perde suas qualidades humanas e se transforma em animal quando vive apenas no mundo dos sentidos. Tal afirmação, contudo, não é de todo válida para o animal, pois um animal nobre freqüentemente demonstra qualidades mais refinadas do que um homem ignóbil; além disso, seus sentidos são em muitos aspectos superiores aos do homem, e ele tem a vantagem de ter mantido os poderes de intuição, os quais, no homem, estão em grande parte atrofiados. A filosofia chinesa sustentava que os sentidos deveriam constituir uma pequena parte (*hsiao c'i*) do homem. Eles não apenas transmitem conhecimento de forma limitada, como são responsáveis, na vida cotidiana, por uma infinita distração e uma dissipação de energia e da mente. O Hinduísmo e o Budismo consideravam-nos como totalmente falíveis, enquanto a Escola Eleática da Grécia condenava-os sumariamente como um tribunal de apelação, embora admitindo que tinham um papel limitado mas importante a desempenhar; o erro fatal está apenas em considerá-los como absolutos. "Se quiseres seguir a doutrina da Unidade, não te voltes contra o mundo dos sentidos. Somente aceitando o mundo dos sentidos poderás compartilhar da Verdadeira Percepção."[5]

Também usamos os sentidos simbolicamente. "Vemos" intelectualmente; somos "tocados" emocionalmente; a audição está associada ao som do "verbo" primordial da criação e "ouvimos" a silenciosa voz interior; "saboreamos" a doçura do amor e da alegria, bem como o amargor da tristeza; sentimos a "fragrância" da felicidade e falamos também da "visão" artística e mística: a visão simbólica da luz da iluminação em contraposição às trevas da ignorância.

---

5. Takakusu, XLVIII, 376.

Todas estas são experiências do corpo, e o corpo é essencialmente um mecanismo limitador e canalizador, que assegura o funcionamento das necessidades biológicas da existência no mundo visível, com a atenção e a concentração voltadas para o que se tem em mãos no momento. O corpo também é um exemplo dos "muitos-em-um", da multiplicidade na unidade, nenhuma das partes sendo capaz de funcionar sem as outras. O pensamento moderno reconhece cada vez mais a interação e a interdependência do corpo e da mente; cada vez mais a saúde se torna um problema de plenitude, e a ruptura da plenitude, que é uma *dis-ease**, é freqüentemente considerada como sendo de origem psicossomática. Não existe separação, seja no plano físico ou no plano mental. As coisas que aparentemente estão separadas, na verdade combinam-se com outras existências, eventos, causas, em uma inevitável e necessária relação, fundindo-se e dando origem umas às outras ao ponto de "ser impossível erguer um dedo sem incomodar uma estrela". Tampouco é possível estimar alguém com uma atitude complacente de "Aqui vou eu, mas com a graça de Deus". Trata-se, de fato, de um "Aqui vou eu". A universalidade da experiência da identidade pessoal une toda a humanidade num conhecimento da identidade e expressa a qualidade, que tem a vida, de estar contida em tudo; assim, "quando ele percebeu a existência diversificada dos seres como enraizada na Unidade, e dela se originando, ele alcançou Brama"[6].

---

* Jogo de palavras com o termo inglês *disease* (doença). *Dis* = ausência; *ease* = tranqüilidade, bem-estar. (N. do R.)

6. *Bhagavad Gita*, 13.30.

Figura 2: configuração japonesa estilizada do yin-yang.

Blake, em *The Marriage of Heaven and Hell* (*O casamento do céu e do inferno*), diz que "o Homem não possui um Corpo distinto de sua Alma, pois o que se denomina Corpo é uma porção da Alma diferenciada pelos cinco Sentidos, as principais vias de acesso à Alma nesta era". Para o Taoísmo, a alma – o *yin*, feminino, a sabedoria – é o meio através do qual o intelecto – o *yang* – chega ao *insight* e à compreensão, ao mesmo tempo tomando parte da natureza dualística do *yin-yang*. Também existe *shan*, a parte celestial de *hun*, a natureza espiritual que ascende ao céu no momento da dissolução do corpo, e *kwei*, que retorna ao elemento terra. Juntos, são conhecidos como *kwei-shan*. Deles fala Confúcio: "O espírito inteligente é a natureza *shan*, a alma animal é a natureza *kwei*. É a união de *kwei* e *shan* que forma a mais elevada exibição da doutrina... o espírito flui para fora e é exposto no espaço numa condição de esplendor glorioso."[7] Ch'ang diz: "*Kwei-shan* são as operações energéticas do Céu e da Terra, e os vestígios da produção e da transformação." Nas pa-

7. Li Chi, XXI.2.1, *Record of Rites*. Textos confucionistas do último século antes de Cristo.

lavras de Chu Hsi: "Se podemos falar de um fôlego, entenda-se por *shan* seu avanço e desenvolvimento e por *kwei* seu retorno e reversão. Se falamos de dois fôlegos, entenda-se por *kwei* a ineficácia do secundário ou do inferior, e por *shan* o superior. Eles são de fato uma única coisa."[8]

Se vistos como "demônios", *kwei* simplesmente representa o aspecto escuro da totalidade, o irracional, e por isso são temidos, pois o irracional é imprevisível e o homem geralmente gosta de abandonar-se à ilusão de ter algum tipo de segurança e de saber onde está; mas no Taoísmo os *kwei* são aceitos e, portanto, têm seu lugar; desta forma, são destituídos de seus terrores. Nas religiões em que existe um mal absoluto, ou Demônio, esta força é imediatamente transformada em uma força totalmente hostil, em conflito com Deus e o homem, ao passo que, no Taoísmo, luz e sombra têm seus lugares naturais; ou, como ensina o Budismo, "a causa da vida é a morte", uma nascendo automaticamente da outra. "O repouso é o fim do movimento, enquanto o mal é a mudança do bem; e o bem é uma espécie de vida, enquanto o mal é uma espécie de morte. Não que estes dois opostos sejam gerados juntos, mas todos são um com a vida."[9]

---

8. *The Doctrine of the Mean*, trad. ingl. Legg

9. Jinsai, *Doji-mon*.

II. A visão cíclica

A visão cíclica da vida é fundamental ao Taoísmo: "O retorno é o movimento característico do Tao."[1] A vida dá lugar à morte, a morte dá origem a uma nova vida; a força volta-se sobre si mesma e se transforma em fraqueza, o sucesso atinge seu zênite e começa a cair em direção ao fracasso. "Prosseguir significa afastar-se. Afastar-se significa retornar."[2]

Os ciclos são a expressão temporal do princípio eterno, o Potencial. O tempo cíclico é completo em si mesmo, enquanto o tempo linear é aberto e precisa de um princípio e de um fim. O tempo cíclico submete o que é transitório à lei da recorrência e, por conseguinte, diminui a força da morte; ele retira a ênfase do individualismo e a coloca no cósmico,

---

1. *Tao Te Ching*, 40.
2. *Tao Te Ching*, 25.

ao passo que o tempo linear acentua os limites e torna tudo excepcional e altamente pessoal; a morte se torna uma ruptura e uma ameaça. O tempo linear avança em sentido contrário ao das leis da natureza, que são as leis da curva, do círculo e do "eterno retorno". O tempo linear é principalmente um conceito hebraico-cristão-ocidental, com uma visão de mundo baseada em "ou isto ou aquilo", "ou branco ou preto", a qual não possui um ponto de contato central, embora Schopenhauer tenha definido o tempo como "a possibilidade de estados opostos numa mesma e única coisa"[3]. Os gregos seguiam fielmente a tradição cíclica indiana dos Dias e Noites de Brama. Hesíodo sobreviveu por muitas eras; Pitágoras pregava a eterna recorrência; Platão e Aristóteles sugeriram que o aprendizado havia perecido e simplesmente fora redescoberto.

No tempo linear, a noção de "progresso" sugere que, passado um certo período de tempo, o homem é capaz de descobrir tudo, de discernir toda a verdade possível. Mas, uma vez admitida a existência de estágios mais elevados de consciência, a Verdade é exterior ao tempo e não está, necessariamente, no futuro, e sim no aqui-e-agora, apenas existindo acima do nível comum de consciência. Aquilo que está fora do tempo é livre de limitações e contradições interiores; daí a unidade de toda a experiência mística, uma visão que transforma toda a compreensão e a visão de mundo, elevando-as àquele nível mais alto. Chuang Tzu diz: "O homem possui uma exis-

---

3. *Fourfold Root of the Principle of Sufficient Reason*, Leideng (1889).

tência real, mas ela nada tem a ver com o lugar no espaço; ele possui uma duração real, mas ela nada tem a ver com o começo ou o fim do tempo."[4] Ambas as formas de tempo, porém, possuem em comum o conceito do Grande Ano, no qual o tempo recomeça e um novo céu e uma nova terra têm início. É claro que no tempo linear isto necessariamente representa uma ruptura completa, com um fim e um começo absolutos, ao passo que para o tempo cíclico isto nada mais é do que uma volta, um novo dia na vida de Brama.

Também para o Zoroastrismo o tempo deve ser cíclico, uma vez que nascimento e morte não representam nem um começo, nem um fim; o ser vem do Tempo Eterno e para ele retorna. O tempo limitado pode ser, e é, completado e esgotado, mas o Tempo Eterno não pode ser completado nem destruído.

No simbolismo hindu, o tempo é representado como um poder ilusório da Kali negra, a força sedutora de Eva, Mara e das Virgens Negras, o feminino, *yin*, medidor lunar, responsável pelos ritmos do nascimento, crescimento, morte e renascimento que, em seu outro aspecto, também é a derradeira força salvadora da sabedoria, a Kali benévola, Maria e a branca Tara.

Nas palavras do Professor Needham: "A visão cíclica não implica necessariamente nem a descontinuidade repetitiva nem a serial."[5] Ela combina a dualidade do constante e do mutável; o conceito de permanência é necessário para se conceber a mudança,

4. Chuang Tzu, cap. 23, trad. ingl. Legge.
5. J. Needham, *Time and Knowledge in China and the West.*

Figura 3: a Roda Budista da Lei.

e vice-versa. O mundo da manifestação encontra-se em um estado de fluxo contra o pano de fundo imutável do Tao eterno, embora "eterno" não seja a palavra hora, pois implica a noção de tempo. Na teoria do fluxo perpétuo, de Heráclito, existe também o conceito de oposto, na medida em que o fluxo se transforma em uma lei do universo, sendo, desta forma, um princípio durável. Parmênides sustentava o ponto de vista oposto; para ele, a mudança é ilusória e a constância real. Juntas, estas duas perspectivas oferecem um exemplo da visão centrada na fórmula "ou isto ou aquilo"; do ponto de vista taoísta, ambas estão parcialmente certas e parcialmente erradas.

O círculo e a esfera são símbolos do tempo cíclico, da mesma forma como o são a roda que gira e o Ouroboros com sua capacidade de expansão e contração. O movimento cíclico implica renovação, infinitude, revolução, mudança, movimento, com infinitas possibilidades, mas também com o simbolismo da completeza cósmica. A linha reta do quadrado ou do cubo representa o finito, o limitado, o temporal; ela pertence à terra, à estática, e simboliza a lei e a ordem. O círculo ou a esfera são a perfeição "arredondada". O aspecto arredondado sempre teve um caráter sagrado e é a forma mais natural encontrada na Natureza.

Os ciclos do tempo contêm todas as alternâncias, as estações, as trevas e a luz, a aurora e a penumbra que antecedem os dias e as noites da manifestação cíclica. O crepúsculo é o período de densidade crescente, de obtusidade profunda, insensibilidade e não-percepção, tal como o é o estágio presente de Kali Yuga, antes da aurora e do redespertar da nova era na lei da reversão universal.

O cíclico e a própria forma e natureza do Ta Ki, com sua alternância de sombra e luz, contração e expansão, inação e ação. "O fim e a origem das coisas não possuem um limite a partir do qual começam. A origem de uma coisa pode ser considerada o fim de outra; o fim de uma coisa pode ser considerado a origem da outra. Quem pode distinguir precisamente entre os ciclos?"[6] "Cada qual, por sua vez, dá origem ao próximo que, por sua vez, é superado pelo outro."[7] Esse é o ensinamento da Escola dos Cinco Elementos no Taoísmo. Os Cinco Elementos constituem as forças da Natureza, que controlam tanto o mundo natural quanto o humano; são divisões que se originam da substância primordial no momento que ela se desenvolve, se diferencia e se difunde no mundo manifesto. São os Agentes ou Movimentadores e a constituição básica do Universo, a simplicidade última, algo que não pode ser reduzido a ne-

---

6. *The Book of Lieh Tzu.*

7. Tung Chung-shu. Erudito confucionista da dinastia Han, responsável pela oficialização do Confucionismo como religião estatal.

nhuma outra coisa. Cada um, por sua vez, controla um ciclo da história, formando uma sucessão cíclica total, cada um deles, por sua vez, cedendo lugar ao outro. Quatro dos cinco elementos ocupam os pontos cardeais e representam as estações; o quinto elemento, a terra, ocupa o centro.

A visão cíclica naturalmente implica a doutrina metafísica do Centro, encontrada em todas as religiões orientais com exceção do Zoroastrismo. Esse Centro é o Olho da Terra, o centro do equilíbrio; trata-se de um conceito além da mente racional, uma vez que o menor não pode compreender o maior. Na condição de ponto central de equilíbrio, ele é a possibilidade de expansão e também o ponto de estabilidade do círculo e da espiral; é o ponto de onde emanam todas as forças e para onde todas retornam. Novamente, é o lugar em que forças oponentes se detêm em perfeito equilíbrio; para obter este "ponto quiescente", é preciso que elas tenham obtido igual força e estejam em equilíbrio absoluto. Nesse ponto,

	Norte ÁGUA Mercúrio Inverno. Frio. Preto.	
Oeste METAL Vênus Outono. Destruição. Branco.	TERRA Centro Saturno Amarelo	Leste MADEIRA Júpiter Primavera. Produção. Verde.
	Sul FOGO Marte Verão. Calor. Vermelho.	

a tração e a tensão de opostos são finalmente resolvidas. O Centro é o ponto focal de energia, o lugar de resolução do passivo e do ativo, de *yin* e de *yang*, o ponto de repouso e portanto de receptividade, o ponto do qual se podem ver as coisas como um todo, enquanto da circunferência se obtêm pontos de vista diferentes e distorcidos. Neste ponto desaparece o desejo, e o ser assume o comando; é o lugar da paz que ultrapassa a compreensão.

Segundo o Taoísmo, o homem ocupa a posição central, uma vez que ele é o mediador entre o céu e a Terra, e da manutenção do equilíbrio entre *yin* e *yang* dependem não apenas sua própria saúde espiritual, mental e física, como a do mundo à sua volta; dessa sua posição central ele é capaz de compreender e conciliar ambos. Se oscila entre os dois pólos, ele se vê afastado do Centro e, obviamente, quanto mais afastado do Centro, maior o desequilíbrio. Do desequilíbrio vem o fracasso e, conseqüentemente, a insatisfação. Nada pode durar muito tempo se estiver fora de equilíbrio e harmonia, uma vez que sucumbirá primeiramente ao atrito e à frustração e depois à violência. Tendo perdido seu equilíbrio, a dualidade cai para os extremos e, então, os opostos tornam-se antagônicos e destrutivos, ao invés de colaboradores e criativos. Toda a felicidade, toda a sabedoria, depende do equilíbrio e da harmonia dos opostos, primeiro em seu reconhecimento e depois em sua reconciliação. Naturalmente, e com razão, o homem sente-se o centro, e em sua vida religiosa luta por atingir o Centro espiritual que é, ao mesmo tempo, o centro do homem, do mundo e de todas as coisas. Eliade adverte para o perigo de se interpretar erroneamente este Centro como uma posição geométrica; trata-se antes de uma experiência: salienta que todas as civilizações orientais reconhecem um número ilimitado de centros, todos chamados de Centros do Mundo e constituindo um espaço sagrado, consagrado por um hierofante. A questão espiritual é a viagem de volta ao Centro, e todos os mitos e símbolos salientam a dificuldade de atingi-lo, razão pela qual toda peregrinação é simbolicamente árdua. O retorno ao Centro é a viagem de volta a casa, ao lar central. Ulisses, Parsifal, todos os que foram em busca do Graal, a fonte de imortalidade e de vida, estavam em busca do Centro Cósmico. Ou, nas palavras de T. S. Eliot, é necessário percorrer um longo caminho, passar por muitas dificuldades, para se encontrar um lugar que nunca se deixou.

O labirinto é um símbolo para os caminhos a serem percorridos até se alcançar o Centro, e foi algumas vezes percorrido como tal nas catedrais cristãs medievais, como Chartres, por pessoas que por várias razões não podiam empreender uma verdadeira jornada a algum Centro sagrado, tais como um santuário, uma fonte sagrada ou um lugar miraculoso. O caminho ao centro do labirinto é também o caminho de volta ao Paraíso, ao Centro Cósmico, onde se encontram o humano e o divino. O círculo do labirinto é o tempo, e sua linha contínua, a eternidade; O Centro, conforme dissemos, é o princípio do equilíbrio, da não-manifestação, da reconciliação dos opostos, a Quintessência dos Alquimistas e o conceito de "O que move sem se mover", de Aristóteles. O Taoísmo chama de Sábio perfeito "aquele que entrou para o estado de repouso"; trata-se da "volta às raízes", passando da circunferência móvel da roda cósmica para o Centro imóvel que une tudo. Este é também o estado primordial que o Hinduísmo chama de *balya*, infância, e do qual o Cristianismo diz que "a menos que vos fizerdes criancinhas" é impossível alcançar o Reino dos Céus, o Centro. No Hinduísmo, este Ponto representa a Unidade, o Ser Puro, Ishwara, enquanto na cabala antes do Ponto, o Uno, existe apenas o Ain, o Absoluto incomparável, o mistério último. O ponto oculto é também o Pensamento. "Tudo, sem exceção, foi primeiramente concebido em Pensamento. E se alguém disse: 'Veja, há algo de novo no mundo', peça-lhe que faça silêncio, pois aquilo foi previamente concebido em Pensamento." Este ponto de vista filosófico também é familiar à teoria das Idéias, de Platão. No Islamismo, o Ponto no Centro é a Morada Divina, o Lugar Divino, onde não mais existem contrários. Quanto mais um ser estiver "fora do centro", maior será a desordem e o desequilíbrio mentais e espirituais. No Taoísmo, Chuang Tzu diz: "Este ponto é o Eixo da Lei; ele é o centro imóvel de uma circunferência, à orla da qual todas as contingências, distinções e individualidades se resolvem; dele há de se ver somente o Infinito, que não é nem isto, nem aquilo; nem sim, nem não. Ver tudo na unidade primordial ainda diferenciada, ou de uma distância tal que tudo se funde em um, esta é a verdadeira inteligência."

III. Equilíbrio e harmonia

A vida deveria ser, nas palavras de Chuang Tzu, "a combinação harmoniosa de *yin* e *yang*". No tempo dos sábios da Antiguidade, dizia-se que a harmonia perfeita expressa no *Li Chi*, ou Livro dos Ritos, é a seguinte:

> Quando prevalecia o Grande Tao, o mundo inteiro era uma comunidade. Homens talentosos e virtuosos eram escolhidos para conduzir as pessoas; suas palavras eram sinceras e eles cultivavam a harmonia. Os homens tratavam os pais dos outros homens como seus próprios, e acarinhavam os filhos dos outros como se fossem seus. Provisões apropriadas eram fornecidas aos idosos até sua morte; providenciava-se trabalho para os fisicamente capacitados e educação para os jovens; as viúvas, os órfãos, as pessoas sem filhos e os incapacitados por doença eram alvo da compaixão e da ternura dos outros, de modo que to-

dos estavam amparados. Para cada homem havia um pedaço de terra; para cada mulher, um lar. As pessoas não gostavam de desperdiçar suas riquezas, mas não as guardavam só para si; não gostavam de ver seus talentos desperdiçados, mas não trabalhavam apenas para si; assim, a astúcia era inútil e não existiam o roubo e o banditismo. As portas de entrada das casas permaneciam abertas e nunca eram fechadas... este período era chamado de "A Era da Grande Universalidade".

Não se tratava de um conceito comunista, uma vez que esse bem universal e a "comunidade unificada" supriam não apenas o bem-estar material como também resguardavam a liberdade individual e a autonomia para cada pessoa desenvolver seu próprio potencial. O equilíbrio e a harmonia devem ser encontrados primeiramente na menor unidade, no indivíduo; de outra forma, indivíduos desequilibrados podem – e o fazem – facilmente dominar os governos do mundo. As sociedades totalitárias, sejam fascistas ou comunistas, são fundadas e comandadas por maníacos de poder dispostos a manter seu governo através da astúcia desmedida, da fraude e do assassinato; conforme já mencionamos, a história da humanidade é muito mais a história do poder do patológico sobre o normal. Desejar o poder sobre os outros já é, em si, um estado mental patológico. O sábio, ao contrário, deseja ver o homem primeiramente entendendo e governando a si próprio, para depois realizar o reino da benevolência universal. Esta condição é mais bem definida pelo conceito chinês de *jen*, que, a despeito da dificuldade de tradução, implica muito mais do que simplesmente "homem", significando também o homem universal, uma humanidade que a todos envolve, que inclui o indivíduo e a sua relação com a sociedade e as obrigações da sociedade para com o indivíduo; uma humanidade ideal, demonstrando um senso de compaixão e compreensão por toda vida. Mas isto só pode ser feito por grupos pequenos. Organizações gigantescas, embora freqüentemente dizendo-se universais e democráticas, não podem manter o contato individual e podem ser dominadas e manipuladas por conventículos ou por um regime ditatorial. O Dr. E. F. Schumacher, no Ocidente, e Sri Guru Dutt, na Comunidade Saraswat na Índia, já nos advertiram de que as grandes sociedades modernas apresentam uma massa sólida, que nunca é dividida em grupos menores aos quais as pessoas possam "pertencer" ou retornar "para introduzir sanidade, ordem e disciplina em sua mente fatigada". Em meio a esta desumanização e desintegração, todos os organismos gigantes usam métodos duvidosos, se não positivamente inescrupulosos, de manipulação de massas. A harmonia requer que cada parte desempenhe sua função específica na relação com o todo e que o todo se comprometa com o bem da parte. De um lado, a sociedade impõe condições absolutas e o indivíduo deixa de ser importante, como ocorre nos estados totalitários superpopulosos, de outro está a postura desligada e criminosa, que rejeita por completo as legítimas aspirações da sociedade em favor do individualismo não permitido. Mas o isolamento moderno em nada se assemelha ao do ermitão taoísta, que optava por deixar a sociedade urbana. O eremita não exigia de outras pessoas que o mantivessem; ele mantinha a si mesmo e não rejeitava a sociedade quando esta vinha até ele na forma de outros filósofos, poetas e discípulos.

No pensamento grego, particularmente na escola de Platão e de Pitágoras, o "bem" é representado não apenas como a moralidade, mas como a proporção e a harmonia, também implicando lei e ordem. A harmonia não é uma resposta emocional ou prazerosa – embora o equilíbrio emocional seja impossível sem ela –, mas uma necessidade universal e controlada pela mente, exigente em suas demandas e severa em suas repercussões, com conseqüências punitivas naturais quando leis do equilíbrio e da harmonia são desobedecidas. O Taoísmo é algumas vezes acusado de anarquista, mas anarquia é, por definição, desordem e confusão, enquanto o Taoísmo exige obediência às leis da Natureza, e as leis do homem só podem ser ignoradas se forem contrárias à Natureza e, conseqüentemente, à harmonia. Uma vez que não é possível existir harmonia sem relação, a harmonia na Natureza deve envolver as Dez Mil Coisas, e o homem, em meio ao mundo da multiplicidade, é responsável pela manutenção da harmonia na vida em conformidade com a Natureza e com a interação e o equilíbrio *yin-yang*.

Confúcio associava a moralidade com a harmonia e com a visão de mundo equilibrada do Homem Perfeito. "A capacidade de reconhecer o paralelo com seu próprio caso pode ser chamada de o segredo da bondade." Quando um discípulo perguntou-lhe sobre a virtude, Confúcio respondeu: "Significa, quando se viaja a um país estrangeiro, comportar-se com cada um como se estivesse recebendo um hóspede importante... e ... não fazer com os outros aquilo que não gostaria que fizessem com você."[1] "Ora, o homem de virtude perfeita, desejando estabelecer-se, também procura estabelecer os outros; desejando ampliar-se procura ampliar os outros. Ser capaz de avaliar os outros através do que nos é familiar, isto pode ser chamado de a arte da virtude."[2]

Tzu Ssu, um neto de Confúcio a quem se atribui *A doutrina do meio*, disse: "A harmonia é o caminho universal que todos devemos perseguir." Mêncio, por sua vez, escreveu que "o Homem Superior cultiva uma harmonia amigável sem ser fraco... permanece ereto, sem se inclinar para lado nenhum". "Em uma posição superior, ele não trata com desprezo seus inferiores. Numa situação de inferioridade, não suplica o favor de seus superiores."

Embora não se trate, em sentido estrito, de uma religião, o Confucionismo adquiriu mais tarde as características de uma religião, seus templos existiam antes para a "reverência", a Confúcio e aos ancestrais, para o "culto" devocional. Mas mesmo nos templos o Confucionismo manteve seu caráter austero: neles não havia imagens, apenas uma solitária Tábua de Confúcio. Não obstante, apesar de Confúcio evitar qualquer discussão acerca do sobrenatural ou do espiritual, seu sistema pode ser considerado religioso na medida em que defendia crenças fixas concernentes ao Absoluto e ao lugar do homem no universo como mediador entre o Céu e a Terra. O Poder Supremo, *T'ien*, é impessoal, embora dotado de consciência.

---

1. *Analects*, XII, 2.
2. *Analects*, IV, 28.

O Confucionismo representa o lado prático, sóbrio e social da vida e do caráter chineses, equilibrados pelo Taoísmo em seu aspecto metafísico, artístico e alegre. Trata-se de um sistema de ordens sociais, morais e políticas, baseado na conduta impecável do cavalheiro erudito, também chamado de Homem Superior ou Homem Perfeito; uma aristocracia de intelectuais acessível a qualquer pessoa com a habilidade e o caráter necessários. O sistema envolvia ritual, conduta e decoro, e utilizava música e poesia para estes fins. Todo movimento era um ritual e tudo era simbólico. Por exemplo: as vestes usadas pelo cavalheiro erudito eram em si um símbolo moral. As mangas arredondadas representavam a distinção pela elegância e perfeição do círculo. As costuras retas representavam a justiça e a incorruptibilidade, e as bordas das vestes, horizontais como a travessa de uma balança, representavam a firmeza. Todas as cores e desenhos também possuíam seu simbolismo.

Referindo-se a si mesmo, disse Confúcio: "Eu transmito, não crio." Sua obra foi originariamente histórica e sociopolítica, baseada em Li, que, à semelhança de Tao, é praticamente impossível de traduzir e possui um significado bastante amplo. Socialmente, significa conduta impecável e boas maneiras, uma cortesia que coloca os outros à frente. No sentido histórico e político, a palavra implica uma ordem ideal e uma rígida autodisciplina. "Dever-se-ia viver de forma tal a se sentir à vontade e em harmonia com o mundo, sem a perda de felicidade." Assim como o Taoísmo, o Confucionismo ensina através de exemplos e o filósofo deve vivenciar suas con-

Figura 4: a Tábua de Confúcio. Interior de um templo confucionista em Pequim (de uma fotografia rara).

vicções. "O homem de virtude moral, desejando ele mesmo permanecer de pé, emprestará firmeza aos outros. Desejando ele mesmo ser iluminado, iluminará os outros. Ser capaz de fazer aos outros o que desejaríamos que fizessem conosco, esta é a verdadeira prova de virtude moral."

Profundo estudioso do *I Ching*, Confúcio escreveu dez comentários sobre ele. O *T'ai Ch'i*, a Unidade Primordial, descendo à dualidade, *yin* e *yang*, produziu os Quatro Desenhos, que deram origem aos oito Diagramas, os *Pa Kua*, que representam a unidade primordial e a diversidade manifesta em todos os pares de opostos possíveis, e suas permutações e combinações.

O Sábio taoísta, que é o Homem "Perfeito" ou "Superior" do Confucionismo, é aquele que passou

Também pode ser ordenado da seguinte forma:

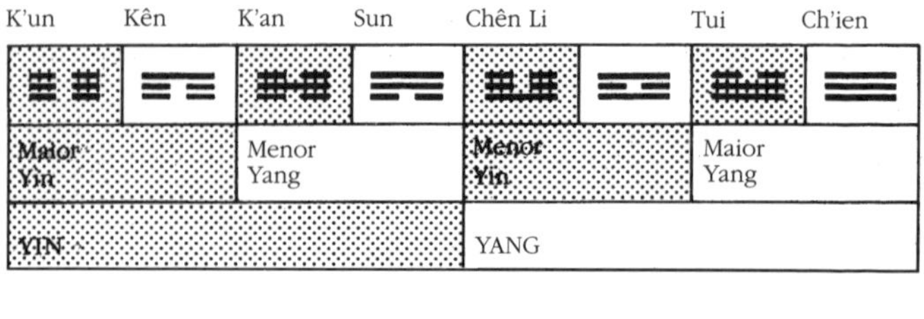

Figura 5: Pa Kua *e* yin-yang.

pela "civilização" e saiu pelo outro lado; toda a sua vida é mantida em equilíbrio e harmonia; ele não quer *status* – aquela doença social que é o produto de um total desequilíbrio de valores – nem deseja nada além do suficiente. Não se esforça para ganhar mais dinheiro do que o necessário, nem se deixa persuadir pela crença de que as luxúrias são necessárias, ao ponto de o excesso assumir a liderança, de se perder a simplicidade, e de a quantidade, e não a qualidade, tornar-se a regra. Exigindo e conseguindo em demasia, o indivíduo de fato consegue menos nas relações humanas, na Natureza ou na terra; qualquer exigência exagerada resulta em retração, desequilíbrio e perda. A reciprocidade é essencial; deve-se dar na mesma medida que se recebe.

De outro lado, o Sábio não é ascético, apenas alguém que escolhe viver em simplicidade, a qual pode ser obtida em qualquer meio ambiente, seja no campo ou na cidade. O ascetismo é no mínimo desnecessário; trata-se de forçar as tendências naturais a um autocontrole rígido e confuso com auto-subjugação em termos de conquistador e conquistado, um estado que estabelece a oposição ao invés da cooperação; o ascetismo é uma renúncia violenta ao invés de um suave e oportuno "soltar-se". A mortificação da carne também tende a produzir enfermidades corporais e farisaísmos mentais. O corpo não deve estar sujeito a práticas restritivas que vão de encontro à sua natureza, mas deve ser mantido em boa ordem como um suporte equilibrado para a mente e o espírito: este era o objetivo da ioga taoísta.

O Tao é onipresente e ilimitado; não há necessidade de buscá-lo por caminhos estreitos e limitados.

Nas palavras de Martin Bubber: "No ascetismo, o ser espiritual se atrofia, adormece, torna-se vazio e aturdido; somente na alegria ele pode acordar e completar-se a si mesmo até que se veja livre de toda e qualquer lacuna; ele amadurece chegando ao divino."[3] O ascetismo e a renúncia não são necessários, uma vez que as qualidades indesejáveis perecem naturalmente quando se muda o senso de valor. Quando o ser está orientado no sentido da verdadeira natureza das coisas, o falso simplesmente será descartado. Mas existe a necessidade da alegria, e neste ponto os sábios e poetas do Oriente e do Ocidente são unânimes. "Mas como é possível avaliar todas as alegrias? Por isso o Sábio erra com o coração leve pelo universo, no qual nada pode estar perdido pois tudo é preservado. Ele considera boa a morte prematura, a idade avançada, considera bons seu início e seu fim." É isto que Maspero descreve como "a qualidade da alegria mística, que caracteriza o pensamento taoísta". Creel, referindo-se ao mesmo assunto, diz que o taoísta possui "uma aparente simplicidade que é totalmente ilusória... e... uma abordagem do ridículo que sempre caracteriza o sublime"[4]. Uma pessoa sem senso de humor sofre de uma deficiência, e toda deficiência é, por definição, a falta de plenitude e de equilíbrio. A alegria é uma qualidade vital, uma experiência importante, que contrabalança a tristeza na vida, e tem a vantagem adicional de ser cumulativa. Um dito popular chinês diz que uma tristeza repartida é uma tristeza reduzida à metade; uma ale-

---

3. *Tales of Rabbi Nachman*, Souvenir Press (1974).
4. H. G. Creel, *What is Taoism?*, Chicago Univ. Press (1970).

gria repartida é uma alegria dobrada. E novamente: "Os Antigos faziam com que as pessoas tivessem tanto prazer quanto eles, e assim podiam desfrutar dele também."

A alegria interior brota de uma segurança interior, e é um componente essencial para a serenidade, o relaxamento de tensões, o "deixar-se levar" do *wu-wei* e para o abandono de ansiedades e preocupações desnecessárias. Hesketh Pearson, escrevendo sobre Oscar Wilde, diz: "O grande humorista eleva o bom-senso à categoria de poesia, ergue o fardo da vida, alivia o espírito, transmite alegria, cria a fraternidade e purifica a mente do artificialismo, da pretensão e da vaidade. Ele é a principal força civilizadora da humanidade, o verdadeiro democrata e igualitário, odiado e temido pelos tiranos e farsantes... sabemos o que pessoas sérias fizeram do mundo, mas talvez nunca saibamos o que os humoristas teriam feito dele, pois o mundo nunca será inteligente o bastante para lhes dar uma chance, e eles seriam inteligentes demais para aceitá-la."[5] Na Índia, Tagore escreveu: "Da alegria nasce toda a criação, pela alegria ela é mantida, em direção à alegria ela avança e na alegria ela penetra."[6] O que soa como o *Chandogya Upanishad*: "Brama é vida, Brama é o Nada... A alegria, de fato, é o mesmo que Nada; o Nada, de fato, é o mesmo que alegria."

Na situação eu-você do mundo manifesto, repartir e dar são expressões de alegria na unidade. A situação dualística da possessividade foi suplantada,

5. *The Life of Oscar Wilde*, Londres (1946).
6. *Sadhana*. Escritura budista-Mahayanista.

(a)  (b)

Figura 6: a) Yin-yang. *Imutável. Absoluto.*
b) Yin-yang. *Mutável. Relativo.*

superada e transmutada em uma possessão aberta, satisfatória, na qual cada um é igualmente possuído em unidade, ao passo que a possessividade material opera uma lei de retornos reduzidos: conseguido tanto, deseja-se mais, o apetite jamais é satisfeito, surge a cobiça, o ego se enrijece e a alegria desaparece.

Também existe alegria na beleza pródiga do mundo natural, a qual nada tem a ver com a utilidade materialista. Nas palavras de Ruskin: "Elas não têm qualquer relação... vocês foram feitos para o prazer, as mais belas coisas no mundo são também as mais inúteis: pavões e lírios, por exemplo."[7] Ele também salienta que "precisamos de exemplos de pessoas que, deixando o céu para decidir se devem crescer no mundo, decidem por elas mesmas que serão felizes nele e resolvem procurar não pela maior riqueza, mas pelo prazer mais simples, não por uma fortuna maior, mas por uma felicidade mais profunda, fazendo da primeira das possessões a autopossessão". Não existe propósito mais tolo do que o da felicidade, a qual deve ser espontânea e brotar de dentro, daquele Reino do Céu. À semelhança de sua oposta, a tristeza, ela

7. *As pedras de Veneza*, Martins Fontes, São Paulo, 1992.

não possui vida em si mas deve resultar da consciência e da aceitação, "uma aceitação lírica, quase extática", que Arthur Waley considerou particularmente exemplificada em Chuang Tzu.

Tanto para o indivíduo como para a sociedade, a felicidade depende muito do amor, mas nem sempre se compreende que para amar os outros *como* a si mesmo é necessário começar por si mesmo. Não se pode amar os outros sem se experimentar primeiramente o simples amor a si mesmo e possuir um ser integrado ao qual se respeite e se ame, antes de os dois se perderem num amor universal mais abrangente. Santo Agostinho sustentava que o tipo certo de amor começa pelo amor a si mesmo (*ordinata dilectio*) antes de ser estendido aos outros. A partir deste ponto, ele salienta, como os taoístas, que este amor deve estender-se para além dos seres naturalmente amados, ao ponto de se amar os próprios inimigos. Aristóteles diz que somente o sábio é capaz de amar a si mesmo. "O homem mau ... estando sempre em luta consigo mesmo, nunca poderá ser seu próprio amigo."[8] O misantropo e a pessoa radicalmente pessimista voltam-se contra si mesmos e "aniquilam tudo o que fazem; estão interessados, ao mesmo tempo, em sua própria destruição e em sua própria preservação... esta vontade é, em si, uma eterna contradição"[9]. Começam odiando e ferindo a si mesmos e, conseqüentemente, prosseguem ferindo os outros; mas ferir alguém significa ferir todos, uma vez que o vizinho de alguém *é* o seu próprio ser. Não

---

8. *Magna Moralia*, 1211 a.
9. E. Conze, *Further Buddhist Studies.*

se trata de uma preocupação em fazer o bem aos outros e sim a compreensão da unidade de toda a vida, humana, animal e vegetal, e o reconhecimento do total envolvimento nela. "Aquele que vê todos em si e vê a si mesmo em todos, desta forma vendo o mesmo Deus vivendo em tudo, ele, o Sábio, não mais aniquila o ser pelo ser."[10]

10. *Bhagavad Gita.*

IV. Inocuidade e não-violência

Inocuidade, não-violência, *ahimsa*, significa, nas tradições taoísta, védica, jainista e budista, "não causar sofrimento a seres vivos através da fala, da mente ou do corpo"[1]. O que vale para o amor vale para a inocuidade: "todos os seres", inclusive si mesmo e todas as formas de vida. Ferir a si mesmo significa ferir parte da sociedade; a violência contra a sociedade é a violência contra si mesmo; os dois são inseparáveis. A base da verdadeira moralidade está fundada em relações, no senso de unidade; é isto que transcende a personalidade egocêntrica e confere a sensação de pertencer, que desta forma impõe suas sanções de inocuidade. Os jainistas sustentam que o homem violento prejudica a si mesmo inclusive quando não é bem-sucedido em prejudicar os outros; os

1. *Baudhayana-Dharmasutra*, 3.1.24.

puranas, por sua vez, afirmam que aqueles que empregam a violência e tiram proveito dela não vivem muito tempo – isto porque acionam uma série de forças destrutivas nas quais estão envolvidos e as quais podem voltar-se contra eles. Na violência verifica-se também um dispêndio muito rápido de forças e energia, que se exaurem e desaparecem. Mas a inocuidade não é em si suficiente, a menos que gere boa-vontade, consideração e compaixão. O aspecto negativo da não-violência deve ser compensado pelo aspecto positivo da compaixão e por tudo o que contribui para o bem-estar e a felicidade do indivíduo e da sociedade. O Buddhaghosa diz: "A compaixão baseia-se na constatação do desamparo dos que são assolados pelo sofrimento e resulta na abstenção do prejuízo aos outros." E ao relacionar os "pares de opostos", o *Altar Sutra* coloca a compaixão como o contrário da nocividade.

A violência estabelece um círculo vicioso, que leva a medidas de represália, retaliação, revolução e contra-revolução. A não-violência depende da disciplina e do autocontrole. As religiões orientais ensinam que a violência deve ser erradicada; suas raízes devem ser cortadas pelo controle do pensamento, que é o primeiro estágio antes de qualquer ação. Na violência, os extremos se encontram no briguento fanfarrão e no covarde. Mahatma Ghandi, escrevendo sobre a violência, disse que o covarde, buscando proteção, não pode ser não-violento, mas encoraja a agressão; entre violência e covardia ele considera a última o mal pior.

As qualidades nocivas que levam à violência são o medo, a inveja, a cobiça pela posse, o culto do *sta-*

tus e da luxúria, o predomínio de qualquer excesso. O capitalismo, o socialismo, o comunismo, todos são signatários – embora o neguem – dos mesmos objetivos geradores de violência, "progresso" e prosperidade material, que não cessam quando se atinge o suficiente, mas exigem padrões materiais cada vez mais elevados e ignoram o papel vital do homem no desenvolvimento mental e espiritual. Uma vez alcançadas as necessidades básicas do homem – alimentação, calor e abrigo –, que são reconhecidas por qualquer sociedade racional, a ênfase deveria ser retirada do aspecto material e ser colocada em necessidades ainda mais fundamentais: a auto-satisfação e a realização através das artes, ofícios e das coisas da mente e do espírito, as quais requerem disciplina individual mas geram uma satisfação básica, integrando o indivíduo e satisfazendo seu potencial, sem o que todo ser humano é incompleto. Somente uma pequena comunidade integrada, em contato com a terra, pode produzir algo semelhante a estes resultados ideais. O industrialismo, seja ele de controle capitalista ou comunista, gera a desigualdade de uma população de escravos de máquinas e o inevitável surgimento daqueles que controlam mas não são controlados. Vemos a nata da classe dos ricos, sedenta de poder e louca por possuir, ou os membros de um politburo, dominando econômica e socialmente seus inferiores, criando a inveja e a luta. Descentralizadas, as pequenas comunidades não podem organizar-se em uma massa violenta voltada para fins políticos, ou em massas que simplesmente demonstram violência, que é o produto final da frustração e do fracasso em providenciar ocupações construtivas e qualitativamente satisfatórias. O trabalho estúpido nas grandes indústrias acaba inevitavelmente por produzir o tédio estúpido e a violência estúpida.

No que diz respeito à não-violência e à inocuidade, todas as tradições do mundo falam a uma única voz:

Taoísmo – "Recompensa a injúria com a gentileza."

Confucionismo – "Não faças com os outros o que não desejas que façam contigo."

Hinduísmo – "Se o injuriado retribuísse suas injúrias, a conseqüência seria a destruição de todas as criaturas vivas, e o pecado prevaleceria no mundo."

Budismo – "Não te enfureças com aqueles que se enfurecem contigo, e revida as palavras ásperas com palavras doces."

Jainismo – "Vence a ira com o perdão."

Velho Testamento – "Uma resposta doce faz a ira retroceder."

Novo Testamento – "Abençoa aqueles que blasfemam contra ti, faze o bem àqueles que te odeiam."

Qu'an – "Para recompensar o mal, conquista-o com o bem."

Tanto o Taoísmo quanto o Confucionismo dizem que a única forma eficaz de ensinar é através de exemplos baseados na perfeição do Sábio, o qual está tão harmonizado com a Natureza, que é incapaz de proceder mal ou de prejudicar a si mesmo e aos outros. Para o iniciante, o aspirante ao Caminho, as normas de moral e de ética ainda são necessárias como um guia que o resguarda de prejudicar a si mesmo e aos outros, além disso, é preciso que ele mantenha o equilíbrio e a harmonia *yin-yang* tal como exemplificado pelo Sábio. O errado, o imoral, o "pecado" é aquilo que perturba este equilíbrio, afetando primeiramente o indivíduo e depois o mundo inteiro. O indivíduo tem todo o direito de copiar o estilo de vida do pregador ou do mestre, não no sentido da crítica, mas como um tributo pragmático do valor de seu ensinamento. Novamente, "aquilo que somos devemos ensinar, não voluntária, mas involuntariamente"[2]. Se o "mestre" não é capaz de dirigir sua própria vida e de viver em harmonia, ele automaticamente causa perturbações a tudo e a todos à sua volta, falhando assim em oferecer um exemplo eficaz aos outros.

Os extremos devem ser evitados, uma vez que são incompatíveis com o equilíbrio, valorizando indevidamente um aspecto ou outro, seja ele religioso, político ou moral. Os extremos são a esfera de atuação do essencialmente ignorante e imaturo. Toda militância é um erro; sendo uma medida extremada, envolve um "excesso de esforço" no qual "existe remorso" e do qual é difícil retroceder quando se foi longe demais – perdem-se a flexibilidade e o controle da situação e o desequilíbrio e a catástrofe tornam-se inevitáveis. Todos os extremos contêm um certo grau de patologia, de excesso e desequilíbrio mental ou emocional: frustram seus próprios

---

2. Emerson, *The Over-Soul.*

objetivos na medida em que suscitam forte oposição e dão origem ao fanatismo e à intolerância. O Taoísmo, o Confucionismo e o Budismo pregam a Doutrina do Meio. É um difícil caminho a ser trilhado. "O que conhece vai além dele, e o estúpido não consegue alcançá-lo", mas "o homem perfeito incorpora o curso do Meio." Isto significa "mostrar paciência e gentileza ao ensinar os outros", e quando "os estados de equilíbrio e harmonia existirem em perfeição, uma ordem feliz prevalecerá por todo o céu e a terra e todas as coisas serão nutridas e florescerão". Mas "o caminho não pode ser deixado um instante sequer. Se pudesse ser deixado, não seria o caminho".

Intimamente ligada à Doutrina do Meio está a noção de *wu-wei*, da não-interferência, freqüentemente traduzida por não-ação, mas talvez mais bem designada por não-asserção. Trata-se da ação sem esforço, na qual nada impede o fluxo natural, nada excede a necessidade. É a ausência da atividade premeditada; é a resposta instintiva e intuitiva ao momento presente, à situação imediata. Qualquer ação que surge da automotivação projeta sua própria força, que deve ser realizada no presente e no futuro. Vencer esta situação no mundo fenomenológico significa alcançar *wu-wei*, a "ação inativa". A sabedoria é inata e só é obscurecida pelos desejos e opiniões. Uma vez silenciada a mente inquieta, a sabedoria aflora naturalmente à superfície; sem realizar qualquer ação, ela age. Nas palavras de Plotino: "Solte-se e deixe o Espírito fluir." Ou, na citação do *Bhagavad Gita*: "Aquele que está em união com o Divino e que conhece a verdade dirá: 'Eu absolutamente não ajo'." Atualmente a mesma doutrina é pregada por A. K. Coomaraswamy: "O trabalho será tanto mais facilmente e mais 'habilidosamente' realizado quanto menos se referir ao nosso ser e quanto mais O deixarmos agir através de nós. Não se trata de preguiça, mas da facilidade que pretendem a 'ação sem atividade' do *Bhagavad Gita* e o *wu-wei*, seu correspondente taoísta."[3]

O Taoísmo é antiativista; ele zomba das pessoas que pensam ter todas as respostas e que se empenham em organizar e manipular os outros para seu próprio bem, sem considerar o fato de que elas necessariamente não sabem o que é o bem e quais as conseqüências que ele pode ter, ao ponto mesmo de gerarem efetivamente o mal ao forçar as pessoas a se conformarem contra sua vontade ou consciência, como ocorre em estados totalitários e sindicalismos.

Em seu estilo inigualável, Oscar Wilde castiga a ação: "Não fale sobre a ação. Ela é uma coisa cega, dependente de influências externas e movida por um impulso cuja natureza é inconsciente. É uma coisa incompleta em sua essência porque limitada por acaso, e desconhecedora de sua direção, porque sempre se desvia de seu objetivo. Sua base é a falta de imaginação. É o último recurso daqueles que não sabem sonhar... Ela morre no momento de sua energia. É uma concessão vil ao fato. O mundo é feito para o cantor e o sonhador." A maior parte das ações são interferência, e interferência é, nas palavras de Chuang Tzu, "o mesmo que tentar parar um eco gri-

---

3. *The Bugbear of Democracy, Freedom and Equality. Studies in Comparative Religion*, versão de 1977.

tando para que ele pare", e isto se chama *yu-wei*, esforço inútil. Mas nem todos os esforços são inúteis: "Usar barcos na água, trenós na areia ou na lama, ou liteiras em caminhos montanhosos; abrir canais para as enchentes de verão, providenciar proteção contra o vento de inverno... tais atividades não são o que se poderia chamar de *yu-wei*. Os Sábios, em todas as suas ações, seguem a natureza das coisas." O Professor Needham sustenta que o *wu-wei* enquanto ação em concordância com a Natureza deve relacionar-se com a não-ação contrária à Natureza, a essência mesma do Taoísmo; isto também reflete os aspectos *yin-yang* em equilíbrio.

V. O yin *e o* yang *na natureza*

Nada ilustra melhor o equilíbrio *yin* e *yang* do que o desenvolvimento do jardim típico chinês, essencialmente taoísta em sua origem. Os imperadores da dinastia Han haviam criado originalmente extensas paisagens artificiais e parques com montanhas, desfiladeiros, florestas, rios, lagos e clareiras, para propiciarem um *habitat* aos animais utilizados nos jogos de caça; mas durante o período das Seis Dinastias e da dinastia T'ang, época em que prevalecia o Taoísmo, desenvolveu-se a tranqüila intimidade do jardim taoísta, cuja finalidade era refletir o céu na terra. Transformou-se no símbolo do Paraíso, onde todas as formas de vida eram protegidas e abrigadas: o parque fora criado para o grandioso, o artificial, o extravagante e luxurioso, para o caçador e agressor; o jardim taoísta era um lugar natural e simples, um refúgio para o Sábio, o erudito e os amantes da natureza, e também para os animais, pássaros e plantas.

Tanto a pintura paisagística quanto a jardinagem devem sua evolução aos filósofos taoístas, que tiraram sua inspiração da Natureza, por eles considerada a Mãe de Todas as Coisas, o seio da vida, a eterna renovação, com todos os seus ritmos e estados de espírito. O que se disse a respeito da pintura paisagística aplica-se igualmente à criação de um jardim; "os pintores chineses sentiam intuitivamente estas mesmas forças como sendo manifestações visíveis e concretas de uma Realidade superior que a tudo envolvia; o Verbo feito Natureza Viva, e não carne"[1]. Ou: "Os Sábios guardam o Tao dentro de si; enquanto respondem ao mundo objetivo... Como as paisagens, ambos possuem uma existência material e alcançam o reino do Espírito... o homem virtuoso segue o Tao por um vislumbre espiritual, e o sábio aborda-o da mesma forma. As paisagens captam o Tao em suas formas e o virtuoso nelas se deleita. Isto não é quase a mesma coisa?... O Espírito Divino é infinito, embora habite as formas e inspire semelhança; assim, a verdade penetra nas formas e nos signos."[2] Mas enquanto as paisagens representam a vastidão e a grandiosidade da Natureza, o jardim revela seu aspecto intimista.

Todas as formas de arte são a expressão exterior e visível de *Ch'i*, o sopro Cósmico ou Energia, com que toda a criação deve harmonizar-se, seja ela pin-

1. Michael Sullivan, *The Birth of Landscape Painting in China*. R. K. P., 1962.

2. Extraído de *Hua shan-shui hsu*. Prefácio à pintura de Tsung Ping.

tura, poesia, música ou criação de um jardim. De fato, todas estas formas de arte se desenvolvem paralelamente, pois o erudito chinês devia ser capaz de interpretar a mesma inspiração em todas as três formas de arte, e o lugar de sua inspiração e expressão era, na maioria das vezes, o jardim. Também se dava o nome de jardim a alguma paisagem bela e remota no campo, para a qual o sábio ou o eremita se retiravam. Nesse lugar construía-se uma cabana e plantavam-se árvores ao seu redor, o trabalho do homem quase não podia ser distinguido da Natureza. Devia-se "tomar emprestado o cenário da Natureza", e o lugar ideal era "entre as árvores nas montanhas". Onde quer que se localizasse, o jardim era um lugar tranqüilo, de meditação e comunhão com a Natureza, fosse numa paisagem selvagem ao lado de uma cachoeira ou de um rio calmo, um bambuzal, ou no quintal de uma casa na cidade.

O jardim é a "morada natural do homem", e a casa e o jardim eram situados de acordo com as influências de *feng-shui* (vento e água) em harmonia com as correntes de *Ch'i*; estes eram mantidos em equilíbrio, tanto na casa quanto no jardim, pelas forças *yin-yang*, à semelhança do que ocorre na Natureza. A força *yin*, lunar, e a *yang*, solar, eram representadas pelos vales e águas, *yin*, e pelas montanhas e céu, *yang*, com suas infinitas qualidades *yin* e *yang*, tais como o brilho do sol e a sombra, altura e profundidade, calor e frio.

Embora o espaço utilizado fosse pequeno, o jardim nunca era concebido como uma extensão plana, da qual tudo pudesse ser visto ao primeiro olhar. Essa remoção de qualquer contorno definido contribuía para a sucessão, expansão, ritmo, e para o senso de espaço e tempo ilimitado. O jardim, como a Natureza, está em constante transformação; é um lugar de luz e sombra perpassado por um sopro de vida (*Ch'i yün*), que está em harmonia com os ritmos das estações e suas alterações climáticas. A irregularidade da linha também sugere movimento e vida. "Tudo o que é regular e simétrico é estranho à Natureza livre."[3] Ou, conforme se costumava dizer: "A consciência da mudança, a interação simbolizada pela teoria *yin-yang*, levaram os jardineiros chineses a buscar traços irregulares e inesperados, que apelam mais à imaginação do que às faculdades racionais do observador. Havia algumas regras e princípios para a jardinagem, mas elas não levavam a qualquer conformidade. Os elementos básicos eram os mesmos da pintura paisagística, *shan shui* ou "montanha e água".[4] "Montanha e água" poderia ser uma paisagem imponente ou simplesmente um lago e pedras. O espaço, por menor que fosse, podia ganhar um efeito de profundidade, de extensão infinita e distâncias misteriosas; desfiladeiros, pedreiras, arbustos, caminhos sinuosos, tudo contribuía para reduzir o observador a ir além da cena imediatamente percebida. Nas palavras de Rowley, referindo-se à arte ocidental e à arte chinesa: "Nós restringimos o espaço a uma perspectiva simples, como se fosse visto através de uma porta aberta; eles sugerem o espaço ilimitado da Natureza, como se tivessem atravessado aquela porta aberta."[5]

---

3. Extraído de *Yüan Yeh*, um tratado Ming sobre jardinagem.
4. Yang Yap & A. Cotterell, *The Early Civilization of China.*
5. *Principles of Chinese Painting*, Princeton, 1947.

O jardim inteiro deve ser considerado em associação e relação com todas as coisas da Natureza. Chang Ch'ao diz: "Plantar flores serve para convidar borboletas, empilhar pedras serve para convidar nuvens, plantar pinheiros serve para convidar o vento... plantar bananeiras serve para convidar a chuva e plantar salgueiros serve para convidar a cigarra." Estas são associações tradicionalmente simbólicas.

Na China antiga, embora o homem fosse o mediador entre o Céu e a Terra, ele não era a medida do universo; seu papel era simplesmente manter o equilíbrio e a harmonia entre *yin* e *yang*. A Natureza é que era a plenitude, a força cósmica controladora. O jardim ajudava o homem em sua tarefa de manter a harmonia; também tinha um significado e uma influência éticos. De acordo com Ch'ien Lung, tinha "um efeito de bálsamo sobre a mente e regulava os sentimentos", evitando que o homem fosse "absorvido pelos prazeres sensuais e perdesse a força de vontade". Seus prazeres eram simples, naturais e espirituais. Um poeta Suchou escreveu a respeito do jardim: "Deve-se entrar nele num estado de espírito sereno e receptivo; deve-se também usar a observação para notar o plano e o desenho do jardim, pois as diferentes partes não foram dispostas arbitrariamente, mas cuidadosamente ponderadas umas em relação às outras, como os pares de tábuas inscritas colocadas nos pavilhões[6], e depois de se ter compreendido totalmente as formas tangíveis dos objetivos, deve-se esforçar-se por entrar em contato ín-

6. Pares de tábuas foram inscritas com citações paralelas, que correspondiam em valor e conteúdo tonais.

timo com a alma do jardim, e tentar entender as forças misteriosas que governam a paisagem e a tornam coerente."

O jardim era concebido para todas as estações, com suas diferentes atmosferas, cores, flores e árvores; assim, o pavilhão e a galeria aberta eram necessários para que se pudesse desfrutar do calor do verão e do frio do inverno, tornando-se partes integrantes do cenário. Mesmo no inverno costumava-se sentar no pavilhão para admirar a beleza da neve e observar os brotos da amendoeira e as florescências da ameixeira. Um braseiro portátil de carvão mantinha o indivíduo aquecido, e um braseiro maior era utilizado para derreter a neve e fazer o chá. O jardim era particularmente evocativo à luz do luar, e nos períodos de lua nova e lua cheia, tempos de força espiritual, faziam-se festas – especialmente a festa da lua em meados do outono. Outras festas também eram celebradas no pavilhão ou no jardim; o equinócio vernal, observado no décimo segundo dia do segundo mês do ano chinês, era conhecido como Aniversário das Flores.

Os pavilhões e galerias obviamente deviam estar integrados com os demais elementos à sua volta. O *Yüan Yeh* diz: "As construções deviam ser dispostas de modo que se harmonizassem com a formação natural do solo." Quando os pavilhões eram ligados por galerias, estas acompanhavam as elevações, os rebaixamentos e as curvas do terreno, ou o curso sinuoso das águas, que normalmente eram cortadas por pontes, levando a tudo o simbolismo do cruzamento das águas, da transição, da comunicação entre um reino ou plano e o outro, bem como do homem como mediador, ocupando a posição central entre as grandes forças. Beleza e simbolismo ainda maiores foram introduzidos com a "ponte da lua", um adorável semicírculo que, quando refletido nas águas claras que corriam embaixo, formava o círculo perfeito da lua cheia.

Os telhados eram curvos e pintados, e o trabalho em treliça das balaustradas era laqueado e pintado com cores simbólicas e harmonizantes. A harmonia e a proporção tinham de ser mantidas, mas a simetria, estranha à Natureza, não. Assim, o jardim não possuía sebes e gramados bem aparados, ou canteiros de flores geometricamente desenhados, ou flores dispostas em fileiras ou formando algum motivo. Toda "paisagem" tinha que absorver as construções e, como árvores plantadas, dar a elas a impressão de terem crescido ali. "Ergue-se um pavilhão onde a vista se abre, e plantam-se flores que sorriem com a brisa primaveril."[7] O jardim era um lugar tanto para relaxamento como para divertimentos ativos, para a meditação e o estudo solitários, para o convívio de amigos que se reuniam para tomar chá ou vinho, ou para fazer as refeições *al fresco*. Ali compunham versos e música, pintavam, praticavam caligrafia ou discutiam filosofia. Um tipo de diversão consistia em compor um poema no tempo que uma taça de vinho com o pires levava para transpor flutuando um curso de água que passava pelo meio do pavilhão. O poeta que não conseguisse completar seu poema a tempo tinha de apanhar a taça e esvaziá-la. Estes cursos de água também podiam ter a forma de símbolos, tais como a

7. O *Yüan Yeh*.

suástica, ou o caractere chinês para o número dez – semelhante a uma cruz – um lótus ou uma flor aberta. Algumas vezes, a água rolava por sobre pequenas cascatas ou pedras.

Aos pavilhões davam-se nomes tais como Pavilhão do Arco-Íris Suspenso, A Fragrância do Lótus, As Nuvens Secretas, ou Os Oito Tons Harmônicos, Convite ou Contemplação da Lua, Primavera, Acolhedora, Agradável Frescor, etc. Em alguns jardins havia os Salões da Lua. Tinham a forma de um hemisfério, e no teto abobadado pintava-se o céu noturno, com inúmeros e pequenos orifícios de vidro colorido que representavam a lua e as estrelas. O efeito geral era o de uma luz suave, como uma noite de verão. Às vezes, plantavam-se flores no chão, mas este geralmente era cortado por um curso de água, a lua e a água estando intimamente associadas: "A lua lava sua alma nas águas claras." Embora a lua e a água sejam *yin*, a água também está simbolicamente associada ao sol, uma vez que capta e reflete de volta a luz do sol, *yang*. Estes salões podiam ser grandes o suficiente para abrigarem um banquete, ou pequenos, para se conversar, ouvir poesia ou música. Aqui no jardim, onde céu e terra se encontram, a música e a poesia são a forma natural da expressão da harmonia.

Assim como o pavilhão era construído no jardim e para o jardim, abrindo-se para ele, também o desaparecimento da distinção entre "dentro e fora" aplicava-se à casa, cuja localização não só era favorável a *feng-shui* como também a inseria, tão naturalmente quanto possível, na paisagem, permitindo acesso tão imediato ao jardim, que parecia não haver qualquer

Figura 7: ponte da lua e pavilhão.

linha divisória. As portas ou não existiam ou eram mantidas abertas. (Socialmente, manter as portas fechadas era considerado uma indelicadeza, uma vez que implicava exclusão, ao contrário, as portas abertas simbolizavam as boas-vindas dos chineses, que tinham um temperamento bastante desprendido e cujas relações espontâneas e naturais desenvolveram-se através dos anos na vida altamente socializada de uma grande família ou clã.) Via de regra, as portas nada mais eram do que uma forma de realçar a vista do jardim ou da paisagem para além delas; assim era a porta da lua, um belo círculo emoldurando uma vista especial. Não apenas se tirava total proveito de cada aspecto como, "se era possível tirar proveito de uma perspectiva do vizinho, não se deveria interromper essa comunicação, pois uma vista 'emprestada' é muito bem-vinda"[8].

A casa abria-se para o jardim e o jardim entrava na casa; os aposentos abriam-se para pátios onde cresciam arbustos e árvores floridas, e samambaias e flores ladeavam um tanque, ao centro, onde nadavam carpas douradas, pois no jardim também viviam animais e pássaros. Na verdade, não só os animais e as plantas eram considerados coisas "vivas"; tudo compartilha da mesma força cósmica, e montanhas e rios também "vivem". Não é de se estranhar que a casa se abrisse para o jardim, pois isso permitia ao amante da Natureza colocar sua cama fora da casa, ao lado de uma determinada árvore, arbusto ou flor que estivesse florescendo, para não perder nenhum estágio de seu desenvolvimento e beleza; ou podia passar a

---

8. O *Yüan Yeh*.

Figura 8: pavilhão e pedra.

noite inteira acordado, apreciando efeito do luar. "O luar repousa como água brilhante sobre o campo. O vento suspira nas árvores e gentilmente toca o alaúde e o livro que estão sobre o divã. O escuro espelho ondulante da água engole a meia-lua. Quando rompe o dia, é-se acordado pelo frescor da brisa, que chega até a cama e varre da mente todo o pó do mundo."[9]

Entretanto, o jardim não era uma coisa meramente estética, mas algo criativo, que evocava e estava em contato com as forças criativas da terra e o grande ciclo das estações, nascimento, maturidade, decadência, morte e renascimento.

A fusão em Ch'an, ou Zen, do Taoísmo nativo com o Budismo importado levou adiante a tradição da relação íntima entre homem e Natureza. O Budismo Ch'an e os jardins eram dois aspectos da inspiração chinesa, que foram adotados e cultivados pelos japoneses; mais tarde, porém, nos tempos da decadência, o simbolismo original do jardim como reflexo do Paraíso perdeu-se, e os jardins transformaram-se em simples locais de diversão, exceto quando próximos de mosteiros, os quais incorporaram grande parte do simbolismo e mantiveram as associações com a meditação. Nestes jardins dos tempos estéreis, proliferaram as extravagâncias artificiais; já não guardavam qualquer relação com símbolos, tinham o formato de bules de chá, animais, vasos e leques, embora algumas delas de fato tivessem um conteúdo simbólico. Mas essas aberrações eram classificadas pelo *Yüan*

9. O *Yüan Yeh*.

Yeh como "estúpidas e vulgares" e "pessoas inteligentes deveriam ser cuidadosas quanto a esses assuntos".

O jardim era um reflexo do macrocosmo e incorporava todas as dualidades *yin-yang* projetadas no mundo visível. Montanhas, vales, rios, lagos, tudo estava representado. Conforme disse Cheng Pan ch'iao: "O gozo da vida deve vir de uma visão que considera o universo como um jardim... de modo que todos os seres vivam de acordo com sua natureza, e grande é, de fato, tal felicidade."

A importância da água no jardim chinês não se devia apenas ao seu simbolismo *yin-yang*, mas a um significado mais amplo da água em si que, ao lado do Dragão, é o maior símbolo taoísta. Significa força na fraqueza, fluidez, adaptabilidade, imparcialidade no julgamento, gentil persuasão e ausência de paixão. Enquanto as montanhas e pedras são os ossos do corpo, e a terra sua carne, os rios e córregos são as artérias e o sangue, geradores e fertilizadores de vida. A água em movimento e a água parada simbolizavam movimento e repouso, os opostos complementares, e as pedras desgastadas pela água simbolizavam a interação entre o macio e o áspero. Para a água parada vale também todo o simbolismo do espelho.

A água podia formar lagos e rios nas escavações feitas para construir montanhas; freqüentemente, porém, as montanhas eram representadas por rochas esburacadas e gastas pelo tempo, esculpidas pelo trabalho incessante do mar ou dos elementos, ou constituídas a partir das estranhas formas de árvores petrificadas. Estas pedras eram cuidadosamente selecionadas por sua cor, textura, grão e formato: algumas eram retas e muito altas, outras, mais largas no topo do que na base, dando a impressão de que desapareciam nas nuvens; outras, deitadas, assumiam a forma de animais fantásticos; algumas emitiam uma nota musical quando nelas se batia, outras eram mudas. Algumas vezes, as pedras formavam grutas, mas quaisquer que fossem suas formas, sempre pareciam naturais, e, tanto quanto possível, assemelhavam-se aos penhascos montanhosos, parecendo serem obras da própria Natureza, indomável e caprichosa. (Deve-se enfatizar que as montanhas da China no estreito de Yang-Tse, no extremo Oeste e nas províncias do Sul foram trabalhadas pela própria Natureza, tendo formas fantásticas e às vezes grotescas.) "Tente fazer suas montanhas parecerem montanhas reais. Siga o plano da Natureza", mas "não se esqueça de que elas precisam ser construídas por mãos humanas."[10]

É claro que a montanha é, simbolicamente, o eixo do mundo; no jardim chinês, porém, ela também representava a força *yang* da Natureza, sendo a água o elemento *yin*. A "montanha" é tradicionalmente colocada no meio de um lago ou fosso, a pedra representando o estável e eterno e a água tudo o que flui e é temporário. Este simbolismo da montanha e da água (*shan shui*) também é expresso na pintura paisagística. A pedra e a sombra que ela projeta também são *yang* e *yin*. As pedras são "silenciosas, imóveis e desapegadas da vida, como refinados eruditos". Sua aspereza também sugere o elemento desafiante e perigoso das montanhas e da vida.

10. O *Yüan Yeh*.

Em grandes jardins, as montanhas eram tão altas que permitiam a formação de pequenos vales e várzeas, com cursos de água sinuosos, desembocando em lagos, nos quais se podia passear de barco ou que podiam ser transpostos por pontes. Algumas vezes, uma série de ilhas e pedras era assim ligadas. Os túneis nas rochas produziam o mesmo efeito e tinham o mesmo simbolismo das pontes no que diz respeito à passagem de um mundo para outro. Mas "mesmo uma pequena montanha pode fazer surgirem muitos efeitos... uma pequena pedra pode evocar muitos sentimentos"[11]. Shen Fu diz: "No desenho de um rochedo ou nos esboços de árvores floridas, dever-se-ia tentar mostrar o pequeno no grande e o grande no pequeno, e tratar o real no irreal e o irreal no real. Dever-se-ia revelar e ocultar, alternadamente, tornando estes elementos ora aparentes, ora ocultos."

Tanto a montanha, *yang*, como a árvore, *yin*, são axiais, e desta forma representam estabilidade e equilíbrio entre as duas Grandes Forças; também constituem um canal de comunicação para o homem entre as forças celestiais, *yang*, que descem à terra, e as forças telúricas, *yin*, que ascendem ao céu; o homem, novamente, ocupa a posição central e é responsável pela manutenção do equilíbrio e da harmonia ao responder igualmente a ambas as forças.

As árvores eram um elemento essencial no jardim doméstico e no jardim ermida, particularmente neste último, pois freqüentemente representavam a única adição feita pelo homem ao cenário natural; sua variedade era quase tão importante quanto elas pró-

11. O *Yüan Yeh*.

prias. Embora todas as árvores fossem bonitas e simbolizassem a força feminina, algumas eram particularmente apreciadas por suas características *yin-yang*. Apesar de *yin* por serem árvores, o pinheiro e o cedro expressam a rigidez e a dignidade masculinas, *yang*, em contraste com a graciosidade, a flexibilidade e o charme femininos do salgueiro, por isso estas árvores eram consideradas necessárias à manutenção da harmonia *yin-yang*. As árvores que florescem, como a amendoeira, a cerejeira, a ameixeira e o pessegueiro, eram apreciadas – poder-se-ia dizer amadas – por sua beleza e simbolismo. A amendoeira, a primeira árvore a florescer no ano, é, em muitas tradições, Aquela que Desperta, a vigilância. Florescer no inverno significa também ter coragem na adversidade. A cerejeira representa delicadeza de sentimento e pureza, no aspecto *yin*, e nobreza, no aspecto *yang*. A ameixeira, símbolo do inverno e da beleza, também representava a força, a longevidade e o eremita, sendo um dos temas prediletos dos artistas. A ameixeira, o pinheiro e o bambu eram chamados de "os três amigos de inverno". A amendoeira e a ameixeira simbolizam a nova vida que chega na primavera, mas a ameixeira devia ter um tronco nodoso e galhos, chamados de "dragões adormecidos", como o aspecto *yang*, para contrabalançar as delicadas florescências *yin*. Também representavam o velho e o novo juntos. Assim como os amantes do jardim, que colocavam suas camas fora de casa, embaixo de uma árvore, sabemos de artistas que andavam a noite toda à luz do luar para captar cada estágio da beleza dos "galhos secos revestidos de florescências cor-de-jade e brancas".

O pessegueiro ocupa uma posição especial, sendo considerado a árvore dos gênios ou Imortais taoístas; é a Árvore da Vida, que está no centro do Paraíso. Também é a Árvore da Imortalidade: morder a fruta que cresce na árvore imediatamente confere a imortalidade. Os caroços dos pêssegos eram apotropaicos e eram bela e simbolicamente esculpidos e guardados, ou usados, como amuletos e talismãs. A árvore é um símbolo da primavera, da juventude, do casamento, da riqueza e da longevidade.

Entre as flores as mais importantes eram o lótus, as peônias e o crisântemo. A peônia é a única flor puramente *yang*. As flores, com seu formato de copo, naturalmente representam o aspecto receptivo, *yin*, da Natureza; a peônia, porém, é uma flor real, ostentando a cor vermelha, ígnea, masculina; também representa nobreza, glória e riqueza. O crisântemo, por outro lado, é a flor do retiro silencioso, a flor adorada pelo erudito, pelo oficial aposentado, que naturalmente também foi um erudito, pelo filósofo e pelo poeta. Foi tão cultivada no retiro que se tornou o símbolo daquele tipo de vida e lazer. Simboliza a longevidade, pois resiste ao frio, e por ser outonal, significa colheita e riqueza; originalmente, porém, simboliza a tranqüilidade, o lazer, a jovialidade e o prazer. Yüan Chung-lang disse que o eremita e o erudito eram felizes por terem "o prazer das colinas, águas, flores e bambus" ao seu inteiro dispor, uma vez que "felizmente estão fora do alcance daqueles que brigam por fama e poder, tão absortos em seus propósitos, que não têm tempo para o prazer".

Mas o lótus, um símbolo universal do Oriente (no Ocidente seu simbolismo é assumido pelo lírio e algumas vezes pela rosa), é "a flor que estava presente no Início, o lírio glorioso das Grandes Águas... flor em que a existência se faz e desaparece". Ela é ao mesmo tempo, *yin* e *yang*, e guarda em si o equilíbrio das Duas Forças; é solar, quando floresce ao sol, e lunar, quando emerge da escuridão das águas do caos pré-cósmico. Enquanto combinação de ar e água, simboliza espírito e matéria. Suas raízes, assentadas na escuridão do lodo, representam a indissolubilidade; sua haste, o cordão umbilical da vida, prende o homem às suas origens e é também um eixo do mundo; as folhas e flores alcançam o ar e nele desabrocham à luz do sol, simbolizando a potencialidade no botão e a expansão e a realização espirituais na flor; suas sementes, dispersas sobre as águas, são a criação. O lótus está associado à roda como matriz solar e como a roda do sol dos ciclos da existência. Iamblicus chama-o de perfeição, uma vez que suas folhas, flores e fruto formam o círculo. Na qualidade de flor lunar solar, *yin-yang*, o lótus também é o andrógino, aquele que é auto-suficiente para existir. Seu simbolismo é inexaurível, tanto no Hinduísmo como no Taoísmo e no Budismo. Novamente aparece como solar e lunar, associado com os deuses do sol, como Surya, e com as deusas da lua, como Lakshimi; o solar com Amitaba, lunar com Kwan-yin e andrógino em Kwannon. O lótus é a Flor Áurea do Taoísmo, a cristalização e a experiência da luz, o Tao. Enquanto, no plano espiritual, representa a plenitude do nascimento, o crescimento, o desenvolvimento e a potencialidade, no plano mundano representa o cavalheiro erudito, que está em contato com o lodo e a água suja do mundo mas não é contaminado por eles.

À parte seu simbolismo quase infinito, o lótus é uma flor de grande beleza e forte poder evocativo; nas palavras de Osvald Sirén, uma pétala de flor de lótus "emana uma magia especial, uma atmosfera que intoxica como um perfumado incenso e embala como o ritmo de uma mantra ascendente e descendente".[12]

A China antiga compreendia muitas coisas que só agora chegam ao Ocidente e são proclamadas como novas descobertas. Antecipou em séculos a "descoberta" de que as flores e as plantas têm sentimentos. Yüan Chung-lang sabia que elas tinham suas preferências, aversões e compatibilidades entre os demais vegetais, e que respondiam ao afeto e ao apreço não apenas de forma material. As flores em um jardim chinês eram verdadeiramente amadas, não em um ascetismo "precioso", mas em uma relação íntima entre indivíduos vivos. Ele dizia que as "flores têm seus estados de felicidade e tristeza, e sua hora de dormir... quando parecem estar embriagadas, ou quietas ou cansadas, e quando o dia está enevoado, este é o estado triste das flores... quando se espreguiçam ao sol e seus corpos delicados se protegem do vento, este é o estado feliz das flores. ... Quando os antigos percebiam que uma flor estava prestes a desabrochar, pegavam suas camas e travesseiros e deitavam-se ao lado dela para observar como a flor passava da infância à maturidade e, finalmente, despetalava-se e morria... Todas as formas de comportamento barulhento e de tagarelice vulgar são um insulto ao espírito das plantas. É preferível ficar sentado, mudo

12. *Gardens of China.*

como um tolo, a ofendê-las"[13]. Algumas coisas de que as flores não gostam: convidados demais, mulheres feias que colocam flores nos cabelos, cachorros brigando, de que se escrevam poemas consultando um dicionário de rimas, livros guardados em más condições, pinturas espúrias e monges comuns falando de Zen! Por outro lado, apreciam muito a visita de um monge que entenda de chás!

As flores colhidas e os vasos de flores nunca deveriam ser vistos como algo normal, mas apenas como um expediente temporário, empregado por aqueles que vivem em cidades e lugares artificiais, privados de colinas, lagos ou jardins.

Para o habitante da cidade ou para aquele que, por necessidade, vive entre quatro paredes, criou-se o jardim miniatura. Embora este também pudesse ser encontrado nos pavilhões, na maior parte das vezes era colocado sobre as mesas dos homens eruditos. Também simbolizava o Paraíso, a Ilha do Abençoado ou a Morada dos Imortais, refletidos em miniaturas perfeitas, com toda a série de simbolismos *yin-yang*. Utilizavam-se pedras e conchas excepcionalmente belas, e havia miniaturas de grutas, árvores, bambus e de prados crescendo entre as montanhas, vales e lagos. A construção desses jardins era em si uma arte; assim como, segundo Wang Wei, o artista é capaz de trazer a Natureza para o espaço de uma pequena pintura, também o criador de jardins, grandes, pequenos ou em miniatura, pode concentrar o cosmos em seus limites.

---

13. O tratado *P'ing Shin*, por Yüan Chung-lang.

Cercando o jardim, ou uma determinada extensão de terreno, havia o muro, que era usado não só como uma linha divisória, mas também para compor um arranjo de árvores, arbustos e flores; também podia ter uma abertura que proporcionasse alguma vista especial. Na cidade, onde o espaço era limitado, muitas vezes os próprios muros eram jardins, algumas vezes construídos com uma largura considerável, produzindo o efeito de um jardim suspenso, ou com árvores e arbustos plantados em cima e samambaias nas frestas, abaixo. Os muros também ajudavam a fazer do jardim da cidade um lugar onde se podia encontrar "tranqüilidade em meio ao tumulto". À parte o simbolismo do jardim delimitado enquanto Paraíso, os muros produziam o significado *yin-yang* da interação de luz e sombra.

Infelizmente a China de hoje se alia às nações industrializadas do mundo na exploração da Natureza. Hediondos blocos de concreto com apartamentos, escritórios e fábricas privam o homem de qualquer contato com a terra amarela; e mesmo no campo, nas "comunas", horríveis blocos de moradias e prédios marcam a paisagem e violam todas as leis tradicionais. Infelizmente cabem aqui as palavras de Seyyed Hossein Nasr: "Existe um desequilíbrio quase que total entre o homem moderno e a Natureza, conforme atestam quase todas as expressões da civilização moderna, que procuram oferecer um desafio à Natureza ao invés de cooperar com ela... a harmonia entre o homem e a Natureza foi destruída."[14] O equilíbrio e a harmonia *yin-yang* foram traídos.

---

14. *Man and Nature*, Allen & Unwin, 1968.

VI. I Ching*: o Livro das Mutações*

Conforme dissemos, Confúcio considerava o *I Ching* tão importante, que escreveu dez comentários sobre ele, e disse que, se tivesse outra vida, ele a viveria toda para o Livro das Mutações.

A alma começa com *T'ai Ch'i*, a Unidade Primordial, que, descendo ao mundo da dualidade como os "Dois Determinantes", *yin* e *yang*, feminino e masculino, deu origem aos Quatro Desenhos, que originaram os oito Diagramas, os *Pa Kua*. Esta interação de forças ou energias *yin-yang* é responsável por todo o mundo fenomenológico. Nenhuma das forças pode ser completa em si mesma, nem pode existir sozinha, mas em cooperação e combinação dão origem a todas as formas e seres da Natureza. As duas forças são absolutamente iguais em poder. Sua interação produz os Cinco Elementos, que são formados a partir da substância primordial e a partir dos quais o mundo visível se torna diferenciado e passa a existir.

O *I Ching* é uma interpretação dos fenômenos cósmicos e de sua inter-relação, mas também é um manual para a conduta do homem nas relações com as forças do universo. É usado tanto pelo taoísta quanto pelo confucionista. Também se diz que constitui um certo misticismo de números, tal como surgiu posteriormente com os discípulos de Pitágoras e os neoplatônicos. Nele, a seqüência de hexagramas simboliza e torna inteligível a polaridade na Natureza e na vida cotidiana no mundo. Segundo as primeiras e simples afirmações sobre *yang* e *yin*, o criativo e o receptivo, energia e inércia, cada condição leva inevitavelmente a sua oposta e requer o equilíbrio entre as duas: *T'ai*, Paz, conduz a *P'i*, pausa. Os hexagramas alternantes ilustram as leis de equilíbrio, compensação e reconciliação, de modo que, como dissemos, cada trigrama e cada hexagrama está associado com sua qualidade complementar e oposta, sendo inseparáveis e incapazes de existir se não em relação um com o outro.

Quando a mesma combinação de dois trigramas é invertida, tem-se uma advertência: é o que ocorre, por exemplo, quando o hexagrama 14, *Ta Yu*, Grandes Possessões, é seguido do hexagrama 15, *Ch'ien*, Modéstia e Humildade, que são necessários para o equilíbrio e a harmonia em tais circunstâncias; a felicidade pode facilmente converter-se em infelicidade, enquanto aquilo que parece ser infelicidade num dado momento pode conter os germes ou os meios da felicidade futura. Uma simples linha pode conter os opostos de felicidade e infelicidade, tal como ocor-

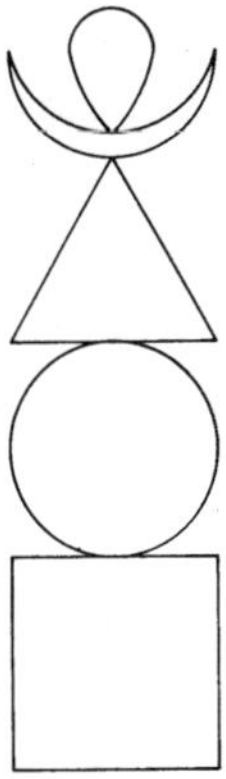

Figura 9: os Cinco Elementos na forma Stupa (de cima para baixo): Éter ou Céu, Ar, Fogo, Água, Terra.

re no hexagrama 13, *T'ung Jen*, onde a quinta posição diz: "O homens ligados pela amizade primeiramente choram, mas depois riem"; ou, novamente: "A guerra é ambos: veneno e remédio." Desta forma, "o homem sábio mantém um curso constante através da prosperidade e da adversidade e não se sente nem enlevado pela primeira nem deprimido pela segunda". Este é o movimento cíclico que prevalece por todo o mundo visível até alcançar o Centro imóvel, o lugar onde o movimento se origina e para o qual ele retorna. Quanto mais próximo o estado de perfeição, mais delicado é o equilíbrio; numa superfície plana, o equilíbrio é relativamente fácil; num pico torna-se difícil e exigente. A forte linha contínua *yang* num hexagrama -0- (3 + 3 + 3) se desequilibra e se transforma numa linha de movimento; ela é superpositiva, assim como a linha contínua *yin* -X- (2 + 2 + 2) é completamente negativa, e ambas, sendo sobrecarregadas, conduzem necessariamente a uma situação de mudança. O que é mais pesado em cima do que embaixo, cai e se transforma em seu oposto; tendo estado no *yang* ascendente, e tendo alcançado o topo da colina, não poderá ir adiante, restando-lhe apenas descer para o vale, *yin*. Nada pode permanecer parado. No *I Ching* isto é ilustrado pelos números 7 e 8, estáticos, onde o número ímpar 7, *yang*, é formado por 2 + 2 + 3, ou seja, uma preponderância de um número par, *yin*, e o número par 8, *yin*, é composto de 3 + 3 + 2, uma preponderância de *yang*. Os números *yang* são o movimento para frente, enquanto os números *yin* são o movimento para trás; mas qualquer que seja a direção para onde se movam, eles chegam ao mesmo resultado e somam-se à mesma totalidade:

$$\left.\begin{matrix} \textit{Yang} & 7 \\ \textit{Yin} & 8 \end{matrix}\right\} = 15 \qquad \left.\begin{matrix} -9 \\ 6- \end{matrix}\right\} = 15$$

Os trigramas se expandem e se transformam em hexagramas porque enquanto trigramas apenas representam idéias, estados ou coisas, ao passo que a evolução para hexagramas introduz as relações e a interação destas idéias, estados ou coisas, e a reação de cada uma delas às outras, simbolizando, na verdade, a interação de todo o mundo visível em suas forças de atração e repulsão.

Os hexagramas também representam a força vital infinitamente contínua, cada forma dando passagem e origem à sua oposta: vida a morte, morte a vida, uma eterna transformação cíclica. Também simbolizam todas as possibilidades, tanto pessoais quanto coletivas, no universo. Isto também é representado na construção *yin-yang* dos trigramas para os opostos fogo e água, ☲ ☵, as duas grandes forças criativo-destrutivas no mundo, responsáveis pela vida e pela morte. O exemplo mais óbvio do aspecto cíclico é a passagem das estações com seu nascimento, crescimento, maturidade e morte; mas, conforme afirma Emerson: "Cada fato último é apenas o primeiro de uma nova série; toda lei genérica é apenas um fato particular de alguma lei mais genérica pronta a se revelar."

Considerando o cosmo como um estado de fluxo, nada pode ser estático ou totalmente autônomo; cada coisa, cada entidade, age sobre a outra e se condiciona a ela. Os opostos não se excluem: revelam-se como diferentes aspectos do todo. A mudança é uma força dinâmica que atua de dentro para fora.

> Somente em constante mudança e crescimento é que a vida pode ser totalmente compreendida. Se ela é interrompida, o resultado não é a morte, que é apenas um aspecto da vida, mas o inverso da vida, sua perversão. Essa compreensão é bastante característica do conceito chinês de mudança. O oposto de mudança não é nem repouso nem pausa, pois estes são aspectos da mudança. A noção de que o oposto de mudança é regressão e não cessação de movimento, deixa claro o contraste com nossa categoria de tempo. No pensamento chinês, o oposto de mudança é o crescimento daquilo que tem que decrescer, a queda daquilo que deve prevalecer. A mudança, então, não é simplesmente o movimento como tal, pois seu oposto também é movimento. A mudança é o movimento natural, ou melhor, a evolução que só poderá regredir se for contra sua natureza.[1]

---

1. H. Wilhelm, *Change, Eight Lectures on the I Ching*. R. K. P., 1975.

Heráclito, um homem solitário e um amante da Natureza, via todas as coisas em fluxo e a mudança prevalecendo em todo o universo; para ele, a lei da polaridade era o princípio supremo do cosmos; sustentava que o atrito, as forças centrípetas e centrífugas eram necessários à vida na medida em que estimulavam a oposição. A força é obtida pela oposição e pela superação de obstáculos. Heráclito acusava Homero de pregar a destruição do universo ao questionar se a rivalidade entre os deuses e os homens desapareceria quando tudo chegasse ao fim, apesar de concordar com Platão em que a realidade última é ambas, a Pluralidade e a Unidade, e em que forças

Figura 10: roupa imperial de luto, mostrando os dragões yin e yang *em luta, simbolizando a polaridade do universo.*

conflitantes devem, em última análise, ser harmonizadas no Logos. A oposição de Heráclito difere das Duas Forças do Taoísmo na medida em que as últimas não estão em conflito entre si, mas existem em tensão complementar. O fluxo de Heráclito abre concessão a certas leis no mundo, enquanto no Taoísmo o Tao é responsável pela ordem no universo, uma ordem com a qual o homem deve conformar-se para manter o equilíbrio e a harmonia. Apesar de a mudança ser um sintoma de imperfeição inerente, o processo de mudança é controlado e ordenado, não sendo acidental nem estando sujeito ao acaso. Qualquer manifestação é finita e imperfeita e se encontra em estado de fluxo perpétuo; apenas o Tao é imutável e eterno, apesar de a palavra "eterno" estar aquém do significado verdadeiro, uma vez que o Tao está além do tempo. O Tao inclui tudo em si; assim, a mudança está necessariamente contida nele, e há nela um elemento de constância. *Ch'i*, a força vital, condensa-se e dissolve-se em infinita mudança, alternando-se entre *yin* e *yang* numa relação, interação e harmonia, infinitas, um constante fluir de energia passando entre eles no cosmos. Tanto a ciência quanto a filosofia admitem a lei e a ordem na vida cotidiana, na tentativa de encontrar a progressão invariável do nascer e do pôr-do-sol, dos dias, anos e estações, estando todas as mudanças contidas nessas leis; a mudança e a ordem caminham lado a lado. Conforme disse o Buda, mudança não é o mesmo que caos e não é, de forma alguma, uma questão de capricho; ela mantém sua ordem e suas leis próprias, assim como uma árvore que cresce da semente para a juventude até atingir seu pleno crescimento além do reconhecimento, mas ainda mantendo sua natureza de árvore. Radhakrishanan diz: "A vida não é uma coisa ou um estado de coisas, mas um contínuo movimento de mudança."[2] Hegel assim a expressa: "Porquanto o 'estado ou condição' é anulado pela mudança, a mudança em si também é anulada."

Todas as coisas unem-se na ação,
Mas eu olho para sua não-ação,
Pois as coisas estão em movimento contínuo, incessante,
E não obstante tudo retorna à sua origem.
Retornar às origens significa quietude,
Estar em quietude significa ver o "ser-em-si".
"Ser-em-si" é a não-mudança que tudo muda.
Entender esta não-mudança que tudo muda é ser iluminado.[3]

Ser iluminado significa conseguir a perfeita espontaneidade do Sábio que, nas palavras de Xenófanes, "sem esforço coloca todas as coisas em movimento apenas com a força de sua mente". Isto é perfeitamente ilustrado por Lao Tzu e Chuang Tzu; o primeiro, conciso, enigmático e desafiante; o segundo, poeta-filósofo, místico, flexível, fluente, brilhante e cheio de humor; ambos em conformidade com o natural, com o Tao, de modo que seus ensinamentos surgem espontaneamente, têm a passividade do *wu-wei* e trazem o espiritual à terra, elevando a terra ao céu.

---

2. Filosofia indiana.
3. *Tao Te Ching*, XVI, trad. ingl. Chung-yuan Chang.

Esta espontaneidade também é o "jogo" do universo, tão bem simbolizado nas religiões orientais, particularmente no Hinduísmo, como a divina dança criativa, que é o exemplo mais significativo da unidade do universo, já que em nenhum momento a dança e o dançarino podem ser separados; a força criativa do cosmos não pode ser dissociada de sua criação. Shiva dança simultaneamente a dança da criação e da destruição. Quando dança com uma mulher, a dança é suave, graciosa e naturalmente criativa, *yin* e *yang* estão em equilíbrio; mas quando dança sozinho, assume o simbolismo do solitário, do ascético, e se torna violento e destrutivo, pois o equilíbrio desaparece.

As danças daroesas retratam o movimento rodopiante e axial do universo, seu enrolar e desenrolar, sua contração e expansão, criação e dissolução, e traz a Suprema Essência ao mundo da matéria, levando-a depois de volta à sua fonte. Também isto é o perfeito simbolismo *yin-yang*, sendo Tao a Essência.

A dança expressa e imprime uma experiência significativa; expressa ao mundo exterior e visível o simbolismo dos movimentos e os imprime no mundo espiritual, mental, interior.

Lyall Watson diz:

> A dança deve ser a mais fundamental e relevante de todas as formas de expressão. Não há nada que possa, de maneira tão eficaz, dar forma exterior a uma experiência interior. A poesia e a música existem no tempo. A pintura e a arquitetura são uma parte do espaço. Mas só a dança vive ao mesmo tempo no espa-

ço e no tempo. Nela, a criação e a coisa criada, o artista e a expressão ainda são uma mesma e única coisa. Existe uma completa participação. Não poderia haver melhor metáfora para a compreensão dos mecanismos do cosmos... Começamos a entender que nosso universo é, em certo sentido, levado a existir através da participação daqueles que nele estão envolvidos. Trata-se de uma dança, pois o ingrediente vital é o ato de participar.[4]

A mesma idéia é expressa por Fritjof Capra em *The Tao of Physics* (*O Tao da Física*): "A Física moderna mostrou-nos que o movimento e o ritmo são as propriedades essenciais da matéria; que toda matéria, seja da Terra ou do espaço exterior, está envolvida em uma contínua dança cósmica. Os místicos orientais têm uma visão dinâmica do universo, semelhante àquela dos físicos modernos." O autor afirma também que a física moderna emprega expressões tais como "a dança da criação e da destruição" e "a dança da energia".

---

4. *Gifts of Unknown Things*, Hodder & Stoughton, 1976.

VII. A percepção

"Se sua mente fosse livre de formação e de concepção, como as ilusões poderiam ocorrer? Se não ocorrerem ilusões, a mente real estará livre para perceber tudo." Assim disse Tao-shin, o Quarto Patriarca, e esta é apenas uma outra forma de se expressar o preceito budista "pare apenas de valorizar a opinião" como um meio de se atingir a percepção e o estado iluminado. Mas antes que a percepção e a identidade possam ser alcançadas, deve-se superar o dualismo entre o ego e a testemunha, o percebido e o que percebe. Primeiramente é necessário observar os pensamentos, ações e reações da "mente irrequieta" do ego e sua eterna operação de forças conflitantes, seus múltiplos "eus"; contudo, no momento em que são percebidos, irreprimidos e aceitos, obtém-se um *insight* de seu verdadeiro significado – ou da ausência deste significado –, e o observador e a coisa observada deixam de ter existências separadas e opostas. Assim como a "queda" para a separação e a autoconsciência são o fruto da Árvore do Conhecimento, a viagem de retorno, através da percepção, conduz à unidade, ao Absoluto, fruto da Árvore da Vida.

Nos primeiros estágios, a observação de qualquer coisa, pessoa ou situação desencadeia um processo imediato de avaliação, dedução e inferência de premissas e preconceitos já aceitos, que servem a experiências e conclusões prévias: tudo é classificado, iguala-se isto a aquilo, e se assume que certos resultados seguem-se necessariamente – todos eles sendo meramente opiniões pessoais, que podem estar certas ou totalmente erradas. Mesmo que estas opiniões sejam mantidas por grupos de pessoas, ainda assim elas estão relacionadas com o temperamento, a experiência social e as limitações de cada indivíduo no grupo. A percepção é um estado impessoal, desprovido de expectativa por aquilo que vai acontecer e não contaminado por aquilo que já passou; permite-se ao momento presente que ele se desenvolva plenamente, e toda a atenção é dada à coisa tal como ela é. A percepção é experiência direta; não se trata de pensar "a respeito" de uma coisa, ou de dar a ela um nome, relegando-a assim a um segundo plano. O elemento subjetivo e o objetivo encontram-se ambos no mundo dualístico, relativo. A percepção completa os transcende. "A experiência direta e a percepção da experiência direta constituem todo o problema."[1] Trata-se, num certo sentido, de abandono, abandono de noções preconcebidas, crenças e associações, orienta-

1. Thich Nhat Hanh, *Zen Keys.*

ção do ego, conjuntos de processos mentais e "escolas de pensamento"; trata-se de parar de lutar, desta forma libertando-se de tensões, deixando que as coisas aconteçam naturalmente, olhando-as sem qualquer envolvimento passional. Trata-se de uma resposta interior e natural, e não da observação a partir de um ponto de vista exterior; deve ser parte da vida, e de tal forma espontânea, que não é considerada como tal. Pensar "estou escrevendo estas palavras" significa sair fora da experiência; enquanto completamente absorvido, nenhum pensamento acerca da função ou dos resultados deve intervir. Dizer "acho esta paisagem bonita" já significa estar separado dela; absorvido por sua beleza não tenho consciência de meu ser enquanto uma entidade separada; a paisagem e eu formamos uma única coisa, e este "eu" deixa de existir. A percepção traz a qualidade da espontaneidade e simultaneidade; é a resposta "natural" ao mundo que nos cerca, a toda a vida, às estações e a todos os processos cíclicos e rítmicos de ser e de vir a ser. A percepção "responde silenciosamente a todas as condições, embora não se ligue a nenhuma delas".[2] Ou, conforme definida no Ocidente por Wordsworth, é "a sábia passividade e o frutífero equilíbrio, em que a alma enxerga o âmago das coisas".

A percepção elimina todos os extremos. Wu Men, que viveu em Hangchow e morreu em 1260, disse em seus *Wu Men Kuan*: "Há que se amadurecer lentamente. Dia virá em que interior e exterior serão considerados uma única coisa, e você acordará." Tal afirmação está de acordo com o ensinamento comum a

2. Ts'ao Shan, o mestre Ch'an.

todas as religiões, de que o homem irrecuperado é também aquele que não despertou – expresso em "desperta, tu que dormes". A percepção é vigília; é uma urgência mental e espiritual. Também implica um desfrutar da vida, uma despreocupação e uma leveza de tato; o peso sempre impede. Este despertar significa também libertar-se da escravidão da natureza ilusória do mundo visível; significa encontrar o "vazio", o Nada, *Sunyata*, que está além do pensamento conceitual e só pode ser concebido passando-se pelos vários estágios de verdades fenomenológicas e relativas, para depois transcendê-las. O Nada não é niilismo, ao contrário: expressa a Realidade última, que está além da dualidade e que, não obstante, é imanente a todas as coisas. "Quando você me ouve falar do Nada, não pense que falo de vácuo."[3] Huang-po também diz: "O sol se eleva e brilha sobre o mundo todo, mas não ilumina o Nada; quando o sol se põe, e as trevas se espalham sobre o mundo, o Nada não é escurecido." E Tao-shin, o Quarto Patriarca, afirma: "O Nada e o ser não são considerados duas coisas. A isto denomina-se o Caminho do Meio. O Caminho do Meio não pode ser expresso em palavras." O Caminho do Meio é mais do que um caminho entre extremos, ele os transcende e os unifica no Nada. "Quando se elimina a discriminação, o Caminho do Meio, ou *Sunyata*, é alcançado."

Vazio não é sinônimo de não-existência. "O Vazio do Universo é capaz de conter todas as coisas."[4] O Vazio é algo amorfo que dá origem a todas as formas

---

3. Huin-neng, o Sexto Patriarca.
4. O *Altar Sutra*.

em manifestação. Para o Taoísmo, ele é aquilo de onde tudo nasce e para onde tudo retorna; é o Pleroma, algo antes pleno do que "vazio" na acepção corrente do termo; é o Potencial, a realização última.

Para se atingir o estado iluminado, o despertar, é necessário suplantar a mente racional. O racional é derivativo, na medida em que se opõe à percepção direta e intuitiva; o racional separa o conhecedor da coisa conhecida; o aspecto intuitivo não sofre tal separação. O primeiro é transmitido, ao passo que o segundo cresce naturalmente de si – se assim lhe é permitido –, tanto no estado iluminado gradual quanto no repentino. A razão é necessária e válida em sua própria esfera, mas não é capaz de possuir uma suficiência absoluta, não pode responder a todas as necessidades humanas e precisa, por conseguinte, ser transcendida depois que um certo estágio foi alcançado através da força da percepção imediata. O oposto de racional não é necessariamente o irracional, mas aquilo que está além da lógica e da razão objetiva e que inclui todas as potencialidades humanas; assim sendo, é preciso que ele abranja o racional antes de suplantá-lo e descartá-lo.

A lógica e a razão, por sua vez, empregam para tudo a fórmula "ou isto ou aquilo", válida em suas próprias esferas, mas o direcionamento que tomam é determinado pelas premissas de que partem. Einstein sustentava que "o pensamento puramente lógico não é capaz de gerar o conhecimento do mundo empírico; todo o conhecimento da realidade começa com a experiência e com ela termina. As proposições a que se chega através de meios puramente lógicos são completamente vazias". A filosofia oriental preocupa-se muito em encontrar meios de suplantar, ou de libertar-se da mente racional, voltada apenas ao mundo relativo e fenomenológico, e em obter a experiência espontânea, intuitiva da "Mesmidade", da "coisa em si", "enxergando a verdadeira natureza" oculta atrás da fachada da manifestação. A filosofia ocidental, por outro lado, é altamente especulativa e não se liga a qualquer tradição religiosa particular; pode existir mentalmente, sem qualquer relação com um caminho espiritual; pode estar associada a uma certa religião, ou a nenhuma, e sua atividade não requer qualquer disciplina espiritual. As religiões ou filosofias orientais não são um exercício formal ou puramente intelectual; acreditam que precisam influenciar e alterar todo o ser; são um modo de vida, não a busca de idéias abstratas ou de justificação lógica para certas premissas. A especulação filosófica, os dogmas teológicos, os argumentos a favor e contra a existência de Deus, ou da imortalidade, pertencem ao mundo mental e facilmente podem-se divorciar tanto da vida espiritual como da vida cotidiana. Muito mais importante é encontrar a resposta para a questão "Quem sou eu?", e o significado de se estar neste mundo; em outras palavras, empenhar-se na busca do encontro com o Ser.

Após a super-racionalização do século passado, é preciso reconhecer o que o Professor Dodds escreve a respeito de se estar "profunda e imaginativamente ciente do poder, da maravilha e do perigo do Irracional... na Era Helenística, muitos deles cometeram o erro fatal de pensar que podiam ignorá-lo. O homem moderno, por outro lado, começa a se apoderar deste instrumento. Este ainda está muito longe da perfeição, e nem sempre é utilizado com habilidade"[5]. A mesma crítica, salientando a falta de percepção imaginativa, é feita por Arthur Ford à ciência física: "A ciência física sabe muito acerca de *como* fazer, mas pouco de *o que* ou *por que* fazer. Na análise de uma nota, perde a sinfonia; ao estudar um átomo, perde o universo. Como resultado, nos impele a fazer com grande eficiência coisas que jamais deveriam ter sido feitas em primeiro lugar."[6]

O Taoísmo é existencial no sentido de que a realidade somente pode ser vivida e penetrada, ficando a teoria e a especulação relegadas a um segundo plano; mas também é essencial na medida em que o Tao é a própria essência a que toda a existência deve conduzir. A natureza existencial do Taoísmo não deve ser confundida com o existencialismo abstrato moderno, preocupado apenas com o pequeno ego, o *ser*. O Taoísmo preocupado com a natureza das coisas tal como elas são, com o supra-pessoal, o *ser*. A experiência vivida é o ponto de partida. O eremita taoísta não opta por deixar a vida, e sim por penetrar nela, penetrar na Natureza, no significado das coisas. Ele nada mais fez do que abandonar o artificialismo em favor da simplicidade. Ninguém lhe propiciou os meios de viver; ele os encontrou sozinho. Ninguém lhe deu "segurança social"; ele zomba da noção de segurança, sabendo que tal coisa não existe. Não há sentido em se falar seriamente a respeito de segurança; não há, nem nunca houve, uma tal coisa. Um pas-

5. E. R. Dodds, *The Greeks and the Irrational*, Univ. of California, 1951.

6. *Life Beyond Death*.

sar de olhos pela história do mundo, ou pela vida privada de alguém, é suficiente para dispersar tal ilusão. "Na Natureza, cada momento é novo; o passado é sempre engolido e esquecido; somente o futuro é sagrado. Nada é seguro exceto a vida, a transição e o espírito energizante... as pessoas desejam se estabilizar; e somente enquanto estão desestabilizadas é que há alguma esperança para elas... O caminho da vida é maravilhoso; é o caminho do abandono."[7]

O eremita e o Sábio deixavam o mundo para viver em contato direto com a Natureza; nas palavras do Professor Needham, "eles sentiam que a sociedade humana não podia ser organizada, como os confuncionistas lutaram por fazer, sem um conhecimento e uma compreensão muito maiores da Natureza, fora e além da sociedade humana... o conhecimento confucionista era masculino e administrador; os taoístas o condenavam e buscavam um conhecimento feminino e receptivo, que surgisse simplesmente como o fruto da atitude passiva e complacente em relação à observação da Natureza"[8]. A vida em conformidade com a Natureza controlava o desenvolvimento da ciência e testava seus aspectos inaceitáveis e antinaturais. Atualmente, o materialista volta-se para a Natureza do ponto de vista do que pode ser obtido a partir dela, da extensão em que ela pode ser dominada e explorada. Esta ânsia de poder é uma característica imatura e bárbara. Quanto mais desenvolvida for a civilização ou a mente individual, menos ela procurará dominar a Natureza ou seus semelhantes.

---

7. Emerson, *Círculos.*

8. J. Needham, *Science and Civilization in China*, vol. II.

Atualmente, exige-se o máximo de tudo e a grotesca palavra "maximizar" entrou furtivamente para o vocabulário daquelas pessoas cujo lema é "tirar o máximo proveito de", e que estão exaurindo a Natureza e o meio ambiente. Isto também pode ser observado na "maximização" das chamadas necessidades supranaturais; de fato, a maioria delas é artificial ao extremo. Citando E. F. Schumacher: "O cultivo e a expansão das necessidades é a antítese da sabedoria. Também é a antítese da liberdade e da paz. Cada vez que se verifica um aumento das necessidades, tende a aumentar também a dependência do indivíduo de forças exteriores, sobre as quais não se pode ter controle, a conseqüência disto é o aumento do medo existencial. Somente através de uma redução das necessidades pode-se promover uma genuína redução daquelas que, em última análise, são as causas de lutas e de guerras."[9]

As pessoas, quando separadas da Natureza, são dominadas pelo ego individual, centrado em e voltado para si mesmo; sentem-se sozinhas e à deriva em um mundo hostil; conseqüentemente suas reações são hostis e violentas, tanto externa quanto internamente. Ou elas se torturam com sentimentos negativos de cobiça, ressentimentos e ódio, ou atacam violentamente a sociedade através de crenças políticas, brigas ou furiosas revoltas. Não possuem uma noção da unidade última de toda a vida e estão cegas demais para verem que, ao ferirem os outros, ferem-se a si mesmas, e que a ruptura é uma reação fútil e infantil. Por outro lado, os que têm consciência de sua

9. *Small is Beautiful.*

Figura 11: o Grande Painel dos Dragões nos jardins do Palácio de Pequim, mostrando os nove dragões yang *e, ao fundo, as águas* yin.

verdadeira natureza criam ao invés de destruírem, e estão cientes não apenas de serem parte de um todo, mas também de serem um todo em si mesmos, o que forçosamente leva a um profundo respeito por todas as formas de vida, a uma percepção do significado da existência e à valorização de cada experiência ou coisa encontrada. Assim, em vez de exigirem mais posses materiais, estão mais preocupados com aprender, experimentar e, naturalmente, dar mais. Qualquer tolo pode destruir – e a maioria deles o faz –, mas somente a mente ciente das coisas em si, da unidade da vida, pode conhecer a sabedoria e tornar-se criativa, pode, na fraseologia budista, "tornar-se o que já é", sentir-se unificada com a vida e perder o senso de isolamento e suas conseqüentes enfermidades físicas, mentais e espirituais.

VIII. O terceiro mediador

Embora o Tao seja o Uno, o Absoluto, Amorfo, possui diferentes aspectos em manifestação, que são inevitavelmente três em número: o Tao do Céu, *T'ien Tao*; o Tao do Homem, *Jen Tao*; e o Tao da Terra, *T'i Tao*, com o homem ocupando a posição mediana e mediadora. No Taoísmo popular, surgido posteriormente, havia também uma tríade de deuses: *T'ai I*, a Grande Unidade; *T'ien I*, a Unidade Celestial, e *T'i I*, a Unidade Terrestre. Esta tríade estava no topo da hierarquia de seres espirituais, mas *T'ai I* representava a unidade final e suprema. Estes "deuses" são aspectos da vida e da experiência, e enquanto forças são influências válidas. As religiões monoteístas ignoram por completo estas forças, mas atribuem a Deus qualidades definidas e finitas: Deus é Amor, Deus é Piedoso, etc.; entretanto, as religiões não teístas, o Taoísmo e o Budismo, evitam qualquer menção a um Deus que está além da definição ou da expressão. O Hinduísmo, embora teísta, também coloca o Absoluto, o Neutro, além de todas as qualidades, e ao referir-se a ele emprega os termos Brama e Atman que, à semelhança de Tao, são intraduzíveis. A forma cria a relatividade; Tao, Atman, só podem ser Amorfos. O mundo formal baseia-se em relações: causa e efeito, tempo e espaço; nenhuma das Dez Mil Coisas existe por si mesma, nada existe que tenha uma existência autônoma. Eckhart indaga: "Quando um homem está em entendimento simples? Respondo: quando ele vê uma coisa separada da outra. E quando um homem está além do entendimento? A isso respondo: quando o homem vê Tudo em tudo, então ele está além do entendimento."

Toda dualidade e polaridade requer um terceiro mediador que está num plano acima dos opostos e age como um catalisador, levando a um estado de equilíbrio entre os extremos. Yen Fu disse: "O Tao é Primordial; é Absoluto. Em seu movimento descendente ele gera a unidade. Quando a unidade é gerada, o Tao se torna relativo e a dualidade passa a existir. Quando duas coisas são comparadas surgem os seus opostos e um terceiro elemento é criado." No *Tao Te Ching* esta noção é expressa da seguinte forma: "Todas as coisas têm às costas a Sombra (*yin*) e à frente a Luz (*yang*), e são harmonizadas pelo Sopro imaterial (*ch'i*)."

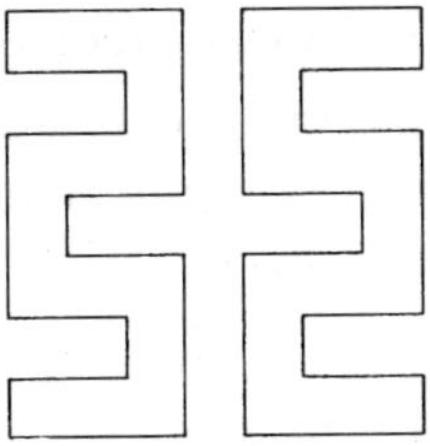

Figura 12: Ch'i, *na forma de* yin *e* yang.

A mente comum encara tudo como sendo dualístico, sujeito e objeto, masculino e feminino, bom e ruim, mas está sempre buscando um estado além disso, no qual a dualidade seja reconciliada e se perca na unidade. No Hinduísmo e no Budismo antigos tal noção era expressa pela Tríade de masculino, feminino e andrógino; o *sat-cit-ananda* do Hinduísmo é uma tríade composta de ser, consciência e alegria, sendo o ser e a consciência até certo ponto comuns a toda a humanidade, mas necessitando do terceiro mediador, a divina alegria, para elevá-los além do aspecto mundano. O homem pleno envolve o intelecto, a emoção e a vontade: uma trindade. Nos caminhos hindus estes são a ioga *jhna*, *bhakti* e *karma*. Na filosofia moderna, McTaggart considera o princípio reconciliador, entre a vontade e o intelecto, como sendo o amor, sustentando que a vontade e o intelecto estão freqüentemente em conflito até que sejam reconciliados pelo amor. Para o neoplatônico Proclus, a Mente Universal desenvolve-se em um esquema triádico de tese, antítese e síntese, um sistema posteriormente adotado por Hegel e Fichte.

Se não houvesse relações, não haveria trocas e tudo seria estático; onde existem relações em dualidade, o terceiro mediador é necessário para salvar as duas forças da tensão eterna; a interação e interferência do terceiro garante a realização última. Coventry Patmore escreve a respeito de tese, antítese e síntese: "A Natureza repete a mesma triplicidade viva no animal, no vegetal e no mineral; cada pedra e cada átomo material deve sua existência à síntese ou ao 'abraço' das duas forças opostas de expansão e contração. Não há nada que exista numa única entidade, tudo se deve à tese, antítese e síntese; e na humanidade e na vida natural isto toma a forma de sexo, o masculino, o feminino e o neutro, ou o esquecido terceiro sexo mencionado por Platão, que não é a ausência da vida do sexo, mas sua realização e força, assim como a faísca elétrica é a realização e força do positivo e do negativo em seu 'abraço'."

No simbolismo da árvore e do pilar, as duas árvores ou pilares paralelos representam as forças polares do universo, os pares de opostos que se voltam um para o outro, dando e recebendo; no movimento eles são a ascendência e a descendência, tensão e relaxamento, espaço e tempo, um simbolismo que aparece em todas as religiões. No Taoísmo e no Confucionismo são, naturalmente, o *yin* e o *yang*. No Cristianismo tal simbolismo está representado na natureza dualística de Cristo. O Mitraísmo o representa como o dadofori. Os dois pilares do Templo de Salomão eram Boaz e Jachin, os princípios ativo e passivo. Quando uma terceira árvore ou pilar é introduzido, ou quando os galhos da árvore se encontram e se entrelaçam, tem-se o simbolismo do terceiro mediador e o retorno da dualidade à unidade. Dante mencionou as três árvores: a Mão Esquerda e a Direita como a díade e a terceira como a Trindade.

Na Alquimia, as duas forças são o Enxofre masculino e o Mercúrio feminino, enquanto o Sol representa o Espírito unificador; são os três elementos do corpo, alma e espírito do masculino e feminino dissolvidos a fogo no cadinho, o *solve et coagula*, para se tornarem o Andrógino. Esta coincidência de opostos é sempre um movimento interior, simbolicamente dentro do recipiente transformador, o ser interior.

Tanto o Taoísmo quanto o Budismo empregam o paradoxo para evitar a dualidade rígida das limitações estabelecidas pela fórmula "ou isto ou aquilo". O paradoxo e a ambivalência fazem parte de uma postura deliberada de se evitarem as definições positivas; aquilo que é exatamente definido também é limitado e não deixa espaço para a expansão ou para possibilidades alternativas expressas pelo paradoxo, do mesmo modo a pintura taoísta deixa espaços, e antes sugere do que define; o mesmo ocorre com o poema chinês, que não multiplica as palavras nem emprega longas descrições, deixando espaços vazios para estimular o leitor a participar e usar a imaginação.

Afirmações aparentemente contraditórias podem ser verdadeiras em diferentes níveis de entendimento; para os sentidos, o mundo é real, ao passo que em *advaita* é irreal. Existem graus de realidade, cada um deles verdadeiro a um nível particular de experiência. A inexatidão e a inconsistência são qualidades inerentes a qualquer coisa em estado de fluxo, nas areias eternamente movediças do mundo fenomenológico, até que tudo é reconciliado na Unidade última. A esta filosofia de Ambivalência insere-se também o aspecto "nem isto nem aquilo", tão bem ilustrado nos Upanishades pela afirmação de que nem a ignorância nem o conhecimento são aceitáveis. "Em densas trevas movem-se aqueles que se inclinam à ignorância; em trevas ainda mais densas aqueles que se satisfazem com o conhecimento."[1] "Aquele que reconhece (como insuficientes) tanto o conhecimento quanto a ignorância, transcende a morte e ganha a imortalidade."[2]

As limitações da postura "ou isto ou aquilo" são ilustradas pela velha questão de se saber se um rio são suas margens ou a água que flui entre elas, para a qual a resposta é "ambos", pois nenhum dos dois poderia existir sem o outro.

O próprio Tao participa desta natureza na medida em que é ambos: o Caminho do Céu e o Caminho da Terra. O homem viaja em direção à liberdade espiritual do estado iluminado, mas o faz ao longo do caminho limitado da conformidade às leis da Natureza. Um paralelo ao Caminho taoísta orientado pela natureza é encontrado na visão do Pele-Vermelha, que guarda mais do que uma simples afinidade com o xamanismo do período anterior a Lao Tzu, e com o Taoísmo popular, surgido posteriormente. Existem semelhanças notáveis entre as tradições do Pele-Vermelha e o Taoísmo e Hinduísmo, notadamente em sua cosmologia. O Grande Espírito do Pele-Vermelha, e a base do saber natural e cosmológico em sua religião, longe de ser panteísta, aproxima-se muito

---

1. *Brihadaranyaka*, 4,4-10.
2. *Isa Upanishad*, 9.11.

mais do Tao impessoal do Natural do Taoísmo e do Atman do Hinduísmo, enquanto uma grande força impessoal, que está além da expansão. Várias autoridades sobre o misticismo deixaram clara a distinção entre ele e o panteísmo. Dean Inge disse que "no misticismo Deus é de fato tudo, enquanto no panteísmo comum tudo é Deus"[3]. O mesmo é expresso pelo Professor Oman: "Para o panteísta, Deus é absolutamente imanente, tudo é Deus. Para o misticismo, Deus é tudo." E Santayana salienta: "O Panteísmo, mesmo quando psíquico, ignora os ideais." A ele falta também o elemento transcendente. No misticismo não há perda numa coletividade amorfa. "Para aquele que Me vê por toda a parte e vê tudo em Mim, Eu não estou perdido, nem ele está perdido para Mim."[4]

É a perda da orientação segundo a natureza, inevitável na selva de pedra das cidades, que J. Epes Brow lastima quando diz que os índios estão sendo destruídos "por uma civilização que está fora de equilíbrio justamente porque perdeu aqueles valores pelos quais o índio americano vivia".

O Grande Espírito é uma Unidade transcendente, e nesta Unidade, manifesta no mundo criado, todas as formas naturais são sagradas. Os animais, tendo sido criados antes do homem, estão mais próximos do Grande Espírito, e por não terem consciência de si, são mais naturais e estão em harmonia direta com a Natureza e o Grande Espírito, devendo portanto ser respeitados. Black Elk diz: "Consideramos todos os seres criados como sagrados e importantes, pois tudo

---

3. *Studies of English Mystics.*
4. *Bhagavad Gita*, VI, 30.

possui *wochangi* ou influência, que pode ser dado a nós e através do qual podemos obter um pouco mais de compreensão, se formos atentos. Devemos entender que todas as coisas são obra do Grande Espírito. Devemos saber que Ele está em todas as coisas; nas árvores e nos prados, nos rios, nas montanhas e em todos os animais quadrúpedes e seres alados; mais importante ainda é saber que Ele está acima de todas estas coisas e seres."

Neste simples e profundo testemunho, temos a perfeita expressão do transcendente e do imanente, livres de qualquer noção panteísta, uma vez que não "iguala Deus a suas formas visíveis". "A Paz... entra na alma dos homens quando eles compreendem sua unidade com o universo e todas as suas forças, e quando compreendem que no centro do universo habita o Grande Espírito, e que este centro está, de fato, em toda a parte, está dentro de cada um de nós." Black Elk explica assim a experiência mística: "Eu vi mais do que posso explicar e entendi mais do que pude ver, pois via de uma maneira sagrada as formas de todas as coisas no Espírito e a forma de todas as formas tal como elas devem viver: juntas numa única coisa... Este é o verdadeiro mundo que está atrás do mundo que vemos, e tudo o que vemos aqui é algo parecido com uma sombra daquele mundo. Eu sabia que o real estava além e que o sonho obscurecido dele estava aqui."

O misticismo fala uma linguagem universal e aparece em muitas filosofias e na maioria das religiões, exceção notável feita ao Zoroastrismo. Longe de ser um estado mental onírico e impraticável, é "o estado mental que discerne o espiritual nas coisas comuns"[5]. "Repudia o intelectualismo, não o intelecto, o moralismo, não a moralidade." Na verdade, o Taoísmo – a mais intelectual das religiões em sua forma clássica – também é puro misticismo. É o caminho da apreensão direta e também um atalho para a Iluminação, ao "vôo do Solitário ao Solitário". Não é um "ramo" de uma religião qualquer, mas o objetivo final. A experiência mística é o entendimento da harmonia cósmica, a expansão do ser até que ele abrace o todo e se funda com ele, ao mesmo tempo que o contenha.

---

5. W. R. Inge, *op. cit.*

IX. O uno nas escrituras do mundo

Esta Plenitude, ou Unidade, com o Tao, o Absoluto, o Terreno Divino, que recebe diversas denominações, de forma alguma se restringe ao Taoísmo. É universal, existe em todas as tradições, nas suas escrituras e nos ensinamentos de seus sábios e santos. Conforme diz um antigo sábio budista, Saraha: "Existe apenas um Senhor, revelado em muitas Escrituras."

Todas as Escrituras se apresentam em dois níveis: o exotérico e o esotérico. No nível exotérico, destinado ao público geral, não-iniciado, criam-se histórias, narrativas que enfocam o nascimento da consciência, do mundo fenomenológico e dos elementos. O nível esotérico destina-se ao iniciado e àqueles que têm "ouvidos para ouvir" e que "enxergam" além do mundo dos sentidos; o nível esotérico ensina que o mundo da multiplicidade e da objetividade é um mundo refletido, enganoso ou ilusório, mas que, não obstante, pode e deve ser o meio de revelação da Realidade que reflete. Pode ser penetrado pela experiência imediata. O conhecimento real, a verdade, só pode ser obtido através da experiência direta; todo o resto é simplesmente conhecimento "a respeito de" alguma coisa. "A evidência da verdade só pode estar na experiência que o homem tem dela." Assim, os aspectos esotéricos das escrituras do mundo e de seus ensinamentos metafísicos recusam, ou ignoram, qualquer tentativa de prova. A prova pertence ao mundo dos fatos e dos sentidos, não ao reino das idéias, que refletem níveis mais elevados. Não se cogita de uma elite escolhida. Os ensinamentos são abertos a qualquer um que esteja preparado para empreender a jornada necessária, a "trilha", o "caminho", primeiramente do autoconhecimento, depois do conhecimento do Ser, do Tao que tudo abarca. No nível exotérico, muitas das religiões históricas e suas seitas são exclusivas, e apenas aqueles que seguem suas estreitas crenças estão "salvos". No nível esotérico e metafísico não existe tal exclusão; o único fator excludente é a ignorância do indivíduo, cabendo a ele abandoná-la e aprender a qualquer momento.

O importante na vida é se o indivíduo adota um ponto de vista materialista-humanista ou um ponto de vista metafísico, pois isso produz diferenças na sua resposta total à vida. O humanista-materialista lida com o conhecimento quantitativo, enorme em sua extensão, mas exterior e na maioria das vezes inútil, além de freqüentemente perigoso; o conhecimento interior adota um significado interior, um intelecto além do cérebro humano e forças além do nível humano; mais além ainda está o Absoluto, o Tao, que não depende de nada, mas de que todas as coisas dependem. Tolstoi disse: "Precisamos nos lembrar, tanto quanto possível, de que nossa vida real não é esta vida exterior, material, que se descortina diante de nossos olhos aqui na terra, mas sim a vida interior de nosso espírito, para o que a vida visível serve de andaime – uma ajuda necessária ao nosso crescimento espiritual. O andaime em si tem apenas uma importância temporária e, depois de ter servido a seus propósitos, não mais é desejado e passa a constituir um obstáculo." É uma prisão que limita o livre desenvolvimento de nosso espírito. Mas a verdadeira vida é a destruição desta limitação. Nessa compreensão da vida está a própria essência da compreensão da verdade... os materialistas se enganam ao acharem que o limite da vida é a própria vida.

Os níveis mais elevados de existência precisam primeiramente ser reconhecidos para depois serem entendidos. E isto vale inclusive para aquelas áreas aparentemente preocupadas com a matéria, tal como a ciência, onde, para citar Bacon: "Não se pode fazer nenhuma descoberta perfeita sobre um plano ou nível; nem é possível descobrir as mais remotas e profundas partes de qualquer ciência sem ascender a uma ciência mais elevada." Em tempos modernos, tal afirmação ecoa nas palavras do físico Max Planck: "Tenho dito que o primeiro passo que todo ramo especializado da ciência dá consiste em saltar para o campo da metafísica... existem fundamentos que não podem ser definidos ou explicados... toda definição necessariamente repousa em algum conceito que não requer definição alguma."

A Natureza parece prover a humanidade para o culto, para reconhecer a existência de forças maiores que ela mesma, e para sentir necessidade do autoconhecimento que leva ao conhecimento destas forças. Se este instinto é negado, abandonado ou escarnecido, outros deuses tomam seu lugar e passam a ser adorados – o Progresso, a Ciência, a Evolução e o Super-homem tornam-se sagrados, autoritários e incontestáveis. Mas pode ocorrer que alguma experiência ou choque profundo lance o indivíduo a um estado mental que está além daquele considerado normal. Nas palavras de Browning:

Justamente quando estamos mais seguros, sentimos um toque de depressão,
A imagem de uma campânula, a morte de alguém,
O término de um coro de Eurípides –
E isto é o bastante para que cinqüenta esperanças e temores,
Velhos e novos juntos sobre a essência da Natureza,
Atinjam, golpeiem e penetrem em nossa alma.

Toda grande religião afirma que o homem não pode cometer um erro maior do que imaginar que ele é apenas corpo e mente. Esta é a grande ilusão, a essência mesma de *maya*. Não vê que existe uma realidade por trás da aparência deste mundo, um arquétipo espiritual ou celestial, a essência, a Forma Ideal de Platão. Nas palavras de Hermes: "Todas as formas e imagens que vês com teus olhos materiais no mundo das coisas que vêm a ser e deixam de ser nada mais são do que semblantes ou cópias de formas que têm uma existência real no mundo do pensamento, formas que são eternas e que nunca deixarão de ser."

O materialismo e o humanismo reconhecem apenas o corpo e seus sentidos, uma pequena parte, a menos importante de todo o ser e de todas as potencialidades do indivíduo, as quais deveriam, de fato, ser consideradas apenas o primeiro estágio do aprendizado e do conhecimento; deveriam ser aceitas e aperfeiçoadas como um instrumento de acesso a um conhecimento e a uma percepção posteriores mais elevados. Mortais e evanescentes em si mesmas, só se pode obter através delas um conhecimento limitado. Citando o sábio parse Azar Kaivan: "O conhecimento de objetos evanescentes não é propriamente um conhecimento, mas guarda com a realidade a mesma relação que a miragem do deserto tem com a água; aquele que a busca não consegue nada além de uma sede ainda maior."

O materialismo se baseia no conhecimento quantitativo, totalmente voltado para fora, algumas vezes interessante mas, de novo, freqüentemente perigoso quando não controlado pelo conhecimento qualitativo, interior, supra-humano, a base da metafísica e dos ensinamentos de todas as escrituras que supõem ser o homem mais do que um agregado de corpo e sentido; o caminho para encontrar esta qualidade "a mais" é, primeiramente, o conhecimento de si mesmo, para depois se tomar a trilha, ou caminho, em direção ao estado iluminado. Para René Guénon, a metafísica significa "conhecer o que é, e conhecê-lo de tal forma, que sejamos, verdadeira e efetivamente, o que conhecemos". Tal concepção equivale, naturalmente, à definição do sábio taoísta, que é a incorporação viva de seu conhecimento e entendimento.

O conceito do humanista-materialista é notável e monumental ao imaginar que o homem, possuindo um cérebro limitado, possa ter todas as respostas. Tanto Chuang Tzu como Sócrates zombam dessa atitude. Chuang Tzu diz de uma tal pessoa: "Você se inflama como se tivesse o sol e a lua nas mãos", enquanto Sócrates indaga: "Você acredita que há sabedoria dentro de você... e ainda supõe que não haja qualquer lampejo de sabedoria em qualquer outra parte do mundo... e ainda pensa que o espírito sozinho não pode ser encontrado em qualquer parte e que, de alguma forma, você o alcançou por obra de um feliz acaso?" Esta atitude presunçosa estende-se também à Natureza. O materialista imagina-se conquistando a Natureza e presume que suas leis são meramente mecânicas. Ele é filho da aberração cartesiana, que fala da humanidade como sendo "mestra e possuidora da Natureza", ao invés de parte dela. Se os resultados são algo pelo que se guiar, seus esforços para dominar, até agora, parecem tudo, menos auspiciosos, destruindo mais rapidamente do que ele é capaz de criar e destruindo aquilo que ele não sabe como recriar. Deixou que o gênio saísse da garrafa, e agora o gênio se volta contra ele, enorme, ameaçador, aterrorizante, ameaçando-o com uma força que ele libertou, mas que não pode controlar.

Pode-se dizer que o Taoísmo concorda com o Humanismo na medida em que propõe a doutrina da bondade natural do homem e de sua potencialidade para a perfeição; este acordo, porém, se rompe no momento em que se chega ao culto humanista da deusa Razão, que fará pelo homem no futuro tudo o que ele deixou de fazer no passado. Para o Taoísmo, a razão nada mais é do que uma faculdade entre tantas outras, que pode tanto desencaminhar quanto encaminhar. Desencaminha o homem para estranhas superstições, tais como a crença em sua própria infalibilidade, e finalmente o leva ao derradeiro erro de supor-se Deus, capaz de controlar seu próprio destino e o de todas as pessoas com as quais tem contato.

Quando os filósofos chineses, tanto da escola taoísta como da escola confucionista, falavam da "natureza humana", não se referiam à natureza meramente física, mas ao homem feito à imagem divina ou "Celestial", o que implicava a espiritualidade e a perfeição próprias ao homem. "Aquilo que nasce do Céu é o que chamamos de natureza humana." Ele é humano quando está conforme a este padrão, mas subumano quando está abaixo dele. Como dissemos, ocupa a posição central, a de mediador entre o Céu e a Terra. "O homem mais elevado é aquele que se adapta ao movimento do Tao e está em paz com ele."

Para o não-materialista, o religioso, o metafísico, o místico, existe uma realidade última além do corpo e da mente. Existe uma crença inalienável no significado da vida que é comum aos filósofos, religiosos, cientistas e homens comuns. Originalmente, a filosofia, a religião e a ciência trabalhavam em conjunto e tinham um cuidadoso controle do conhecimento, mantendo-o no nível esotérico e reservando-o às mãos daqueles que eram capazes de julgar e administrar sabiamente qualquer conhecimento que pudesse ser perigoso nas mãos do indisciplinado e do insensato. Com a separação destes ramos do conhecimento, surgiu a visão materialista-determinista, e o homem começou a se sentir perdido num meio ambiente estranho, dividido entre seu senso instintivo de um significado da vida e uma ausência mecanicista de significado. Atualmente não se espera do filósofo que ele viva sua filosofia; sua vida pode ser caótica, dissociada daquilo que ensina. E a religião e a ciência separaram-se, passando a constituir disciplinas diferentes.

A metafísica (*meta* "depois" ou "além") é um termo antigo. Aristóteles chamava-a de "a primeira filosofia" ou teologia. Segundo a metafísica, o homem pode chegar ao conhecimento que verdadeira e efetivamente o habilita a avançar para estágios mais elevados além do plano meramente psicofísico; um conhecimento que, na medida em que o eleva, cria uma condição na qual ele deve viver suas crenças, assim como faz o sábio. Para a metafísica, a medida da vida é aquela que está além do plano físico e um conhecimento que está além da mente pensante. Tal conhecimento é adquirido através de uma total percepção, da qual nasce a espontaneidade: um princípio basilar do Taoísmo, Hinduísmo e Budismo. "Buda", ou sabedoria, é utilizado no sentido de "conhecimento vivenciado", no qual o sujeito como tal reconhece-se no processo de tornar-se consciente. A espontaneidade conduz à liberdade; não existe liberdade enquanto tudo é conceituado. Somente em liberdade pode a Unidade, o objetivo final do místico, ser alcançada; nela, segundo as palavras de Eckhart, "o conhecido e o conhecedor são uma única coisa". Shao Yung, um taoísta da dinastia Sunq, chama isto de "Limite Supremo" – "O ser primordial, do qual vieram todas as coisas que existem, é o Tao, o Limite Supremo, o Limite Augusto; mas estes são apenas nomes emprestados, pois este ser primordial é indefinível, inominável e inefável. O Céu e a Terra não possuem uma natureza diferente daquela do resto da criação; são os dois intermediários (*yin* e *yang*), ao passo que o Limite Supremo gera tudo o mais... Inícios e fins, nascimentos e mortes, são apenas transformações dessas duas entidades. Todas as coisas são Uma."

As coisas estão separadas existencial e racionalmente, mas não essencialmente. A unidade última não é meramente aquela do indivíduo que atinge a compreensão, mas aquela que abarca todo o universo. Tem sido comparada às águas do oceano que são uma só; somente as depressões entre as ondas parecem diferenciá-las. Trata-se de um processo de fusão e assimilação, que resulta numa identidade e inseparabilidade finais. Seria oportuno, neste momento, citar Sri Ramakrishna: "É o mesmo e único Avatara que, tendo mergulhado no oceano da vida, emerge num lugar onde se torna conhecido como Krishna, e mergulhando novamente emerge em outro lugar onde recebe o nome de Cristo. Os Avataras estão para o Brama Absoluto assim como as ondas estão para o oceano."

Nas religiões monoteístas, a união mística geralmente é expressa em termos daquele que ama e daquele que é amado, mas estas religiões colocam esta relação claramente fora do indivíduo. As religiões não-teístas raramente utilizam este simbolismo; a união é a compreensão interior – que pode ser gradual ou imediata – da Unidade de todas as coisas em Brama, o Tao ou Nirvana. Em última análise, porém, as escrituras e os sábios de todas as épocas e religiões falam a uma só voz, pois como disse o místico francês Louis-Claude de Saint-Martin: "Todos os místicos falam a mesma língua, pois vêm do mesmo país." Ou segundo um moderno escritor francês: "O vento, a flauta da Natureza, soprando entre as árvores ou sobre as águas, entoa muitas melodias. De forma semelhante, o Tao, a grande doutrina, expressa-se através de épocas e mentes diferentes, e não obstante permanece sempre o mesmo." Esta afirmação lembra o velho ensinamento budista contido no Avatamsaka Sutra: "Em um único país do Buda estão incluídos todos os países do Buda."

Esta unidade essencial de todos os ensinamentos em todas as tradições pode ser mais bem demonstrada se os deixarmos falar por si mesmos. No Hinduísmo, de acordo com o *Rig Veda*:

Agni é Um, apenas brilhando em muitos lugares.
Um é o Sol, espraiando-se sobre o mundo.
Uma apenas é a Aurora, refulgindo sobre tudo isto.
É o Uno que, separadamente, se tornou tudo isto.

Citando o Yoga-Vasishtha: "O que quer que aconteça, sob qualquer forma, ou em qualquer tempo ou lugar, nada mais é do que uma variação da Realidade Única que existe por si". Nos tempos modernos, Sri Ramakrishna disse: "Shiva, Kali e Hari são apenas formas diferentes desse Uno. Na verdade, abençoado é aquele que reconhece tudo como sendo um." Sri Ramana Maharshi expressa-o da seguinte forma: "Como o fio em (um colar de) pedras preciosas, é Você em Sua Unidade que penetra toda a diversidade de seres e religiões."

O Taoísmo, no *Tao Te Ching*, diz que "O Sábio mantém o Uno e se transforma no paradigma para o mundo", enquanto Chuang Tzu declara: "Guardo o Uno original, e descanso em harmonia com as formas exteriores." Também sustentava que "O Universo e eu estamos unidos, e eu e tudo o que nele existe somos Um"; e acrescenta: "Todas as coisas, a despeito de sua separação e construção, levarão por fim ao Uno."

No Budismo chinês o Terceiro Patriarca, Seng-ts'an, disse: "No Não-Dois não existem coisas separadas, embora todas as coisas estejam incluídas... o Uno não é outra coisa senão Tudo, e Tudo não é outra coisa senão o Uno." E em outra passagem:

O Uno em Tudo,
O Tudo em Uno –
Se isto for compreendido,
Não mais te preocupes em não seres perfeito!

Quando o Taoísmo e o Budismo se encontraram, formaram uma aliança natural que deu origem à Escola Ch'an de Budismo, mais tarde conhecida no Japão como Zen. Chih-k'ai, um antigo budista chinês cujos ensinamentos serviram de base ao Budismo japonês, afirma que "Os Budas e todos os seres sensíveis são essencialmente um"; e quando o Budismo se estabeleceu no Japão, Hakuin, o antigo mestre Zen, repetiu o mesmo tema: "Todos os aspectos do universo – relativos e absolutos – são na verdade um."

Na Cabala, o Ain Aoph é o "Um sem um segundo", e no *Zohar, The Book of Splendour*, o ensinamento místico do Judaísmo, lemos: "Se se contemplam as coisas em meditação mística, tudo se revela como um", e outra citação da mesma fonte: "Senhor dos mundos! Vós sois Um."

Do Cristianismo, particularmente de seu aspecto místico, infinitos exemplos desta compreensão da unidade poderiam ser citados. Na *Epístola aos Coríntios*, o Cristianismo antigo afirma: "Existem diferentes dádivas, mas um mesmo Espírito. E existem diferentes ministros, mas um mesmo Senhor. E existem diversas obras, mas um mesmo Deus, que fez todas as coisas em tudo." Tal afirmação é feita mais tarde por Suso, um místico alemão: "Toda esta diversidade é fundamental e basicamente uma mesma unidade." Citando um ensinamento de Eckhart: "Tudo é um e um é tudo em tudo." E segundo Boehme: "Deus é tudo em tudo: apenas um, não muitos, um em tudo e tudo em um."

No Islamismo, o Qur'an afirma categoricamente: "Ele, Alá, é Uno – Alá, a Plenitude Absoluta." A Unidade é particularmente enfatizada no aspecto místico, Sufismo, onde uma vez mais o simbolismo da união daquele que ama com aquele que é amado é empregado com freqüência, embora Jili, um metafísico sufi, a demonstre em termos puramente metafísicos: "Aqui, o Tudo é ambos: Uno e múltiplo. Maravilhe-se com a pluralidade daquilo que é essencialmente Uno."

À parte as religiões e suas escrituras, as vozes dos sábios e filósofos falam em termos igualmente inequívocos. Xenófanes afirma laconicamente: "Tudo é

Um"; Hermes diz: "O todo é um"; e Plotino é simplesmente direto ao dizer: "O Uno é todas as coisas e nenhuma delas." Do outro lado do mundo a mesma verdade evidente é expressa pelo Pele-Vermelha Sioux Black Elk: "Tudo é de fato um." A Alquimia também atesta que "a Natureza pode verdadeiramente ser descrita como sendo *una*, verdadeira, simples e perfeita em sua própria essência".

Assim poderíamos continuar arrolando exemplos indefinidamente. Tudo se resume na afirmação de Sri Ramakrishna de que "hindus, muçulmanos e cristãos dirigem-se ao mesmo destino por caminhos diferentes", e, citando o *Srimad Bhagavetam*: "Como abelha reunindo o pólen de diferentes flores, o homem sábio aceita a essência das diferentes escrituras e apenas vê o bem em todas as religiões."

X. O conhecimento

Apesar de importantes, as escrituras são apenas meios que conduzem para além de si mesmas, ao entendimento imediato.

"Ouça isto!", disse o Macaco. "Depois de todo o trabalho que tivemos para vir da China até aqui, e depois de você ter ordenado expressamente que nos fossem dadas as Escrituras, Ananda e Kasyapa fizeram uma distribuição fraudulenta dos bens. Deram-nos cópias em branco para trazermos; pergunto a você: em que isto nos poderá ser bom?"

"Você não precisa gritar", disse o Buda sorrindo. "Para dizer a verdade, os pergaminhos em branco como estes é que são as verdadeiras Escrituras. Mas vejo que os povos da China são demasiado tolos e ignorantes para acreditar nisto; assim, não há nada a fazer além de dar-lhes cópias que tenham alguma coisa escrita."

Este mesmo ensinamento que transcende as Escrituras está na palavras de Shih'-T'ous: "Qual é o ensinamento supremo do Budismo? Não o entenderás até que o tenhas."

Todas as tradições afirmam que o primeiro passo para se obterem níveis mais elevados de entendimento, a apreensão imediata, a capacidade de ler páginas em branco, é a superação do ser, ou ego, simbolizado pelo Macaco na incomparável obra-prima de Wu Ch'eng-en. Trata-se também de abandonar o trivial, é a diversificação e a dissipação, e o despertar para a urgência da busca do verdadeiro Ser, o que começa, necessariamente, pelo autoconhecimento. É impossível superar o ser sem antes entendê-lo e controlá-lo. Nas palavras de A. K. Coomaraswamy: "A expressão 'autocontrole' implica que há um sujeito que controla e um outro a ser controlado... de um lado, corpo-e-alma (ou-mente), e de outro, espírito: um é mutável e mortal, o outro constante e imortal; o primeiro 'se torna', o outro 'é'."

A frase "conhece-te a ti mesmo" tornou-se célebre no Ocidente graças à inscrição de Delfos a Apolo, mas é muito mais antiga e aparece em todas as tradições do mundo, tanto em suas Escrituras quanto nos ensinamentos de seus sábios e santos. Todas as religiões instruem seus seguidores no sentido de se voltarem para dentro. Isto, contudo, não implica uma auto-absorção e uma introspecção mórbidas, pois o conhecer-se pressupõe o conhecimento de todas as suas reações e relações no mundo exterior, assim como o autoconhecimento é igualmente importante para a compreensão das relações exteriores. Como dissemos, não se pode amar o próximo como a si mesmo, sem primeiro conhecer e experimentar em si o amor, assim como é impossível compreender o próximo sem primeiro conhecer-se a si mesmo. O autoconhecimento também não significa preocupar-se com as faculdades psíquicas; seu objetivo é transcendê-las e chegar até o espírito. O homem estuda a si mesmo, o microcosmos, e suas leis, para entender o universo, o macrocosmos, no qual ele existe. Isto exige uma disciplina mais rigorosa do que qualquer outra forma de buscar conhecimento. O autoconhecimento leva em conta a qualidade e não a quantidade de conhecimento obtido; é uma percepção total, não uma dissecação analítica; é construir, não derrubar. Seu objetivo é o conhecimento imediato que transcende o pensamento. Mas Sri Ramana Maharshi salienta que "a ausência de pensamento não significa uma lacuna. Deve-se conhecer a lacuna. O conhecimento e a ignorância pertencem à mente. Nascem da dualidade. Mas o Ser está além do conhecimento e da ignorância. Ele é a própria luz". O *Tao Te Ching* diz: "Aquele que conhece outros é sábio. Aquele que conhece a si mesmo é iluminado." Chuang Tzu afirma: "Aquele que sabe o que é o Céu e que sabe o que é o homem alcançou a iluminação. Sabendo o que é o Céu, ele sabe que foi de lá que veio. E acrescenta: "Os sábios da Antiguidade primeiramente tomaram o Tao por si mesmos, depois o tomaram pelos outros." Segundo o escritor medieval T'u Lung: "Aquele que alcançou o Tao é mestre de si mesmo, e para ele o universo se dissolveu."

Este é o testemunho do Taoísmo, mas o mesmo tema ecoa em todas as tradições: "Aquele que esgotou toda a sua constituição mental conhece sua natureza. Conhecendo sua natureza, conhece o Céu." Nos Upanishades podemos ler: "Tendo entendido seu próprio ser como sendo o Ser, o homem se torna desprendido de si mesmo." E no mesmo veio desta tradição, já em tempos modernos, Sri Ramana Maharshi ensina: "Primeiramente vê a ti mesmo, depois vê o mundo inteiro como o Ser." O Budismo fala através da voz de Hakuin, o Mestre Zen: "Quando despertares, verás que todo este mundo, acima e abaixo, nada mais é do que a lembrança de alguém." Existe também todo um discurso a respeito de cada ramo do autoconhecimento na *Instauração da plenitude mental* do Buda. A tradição hermética ensina: "Deves, ó Alma, adquirir um conhecimento seguro de teu próprio ser, e de tuas formas e aspectos. Não penses que qualquer uma das coisas que buscas conhecer está fora de ti; não, todas as coisas que deves conhecer são tuas e estão dentro de ti." Plotino afirma a mesma coisa: "Aquele que reflete sobre si mesmo, reflete sobre sua própria origem."

Desde tempos mais remotos, o Cristianismo, primeiramente nas palavras de Cristo e posteriormente nas palavras de seus eruditos, santos e místicos, tem ensinado a doutrina de que "o Reino dos Céus está dentro de ti". Clemente de Alexandria afirmava que "Se um homem conhece a si mesmo, ele necessariamente conhece Deus". Eckhart expressa assim tal noção: "Digo que nenhum homem conhecerá Deus sem antes conhecer a si mesmo." Seu contemporâneo Ruysbroeck afirmou: "O conhecimento de nós mesmos nos ensina de onde viemos, onde estamos e para onde vamos." Segundo o filósofo romano Boécio: "Em outras criaturas vivas a ignorância do ser é própria às suas naturezas; no homem ela é um vício." Segundo ibn Arabi: "O homem precisa, antes de tudo, conhecer sua própria alma, para então conhecer seu Senhor; pois seu conhecimento do Senhor é o fruto do seu conhecimento de si mesmo." O persa Ansari, poeta e místico sufi, em um denso e breve poema, escreve:

Se podes caminhar sobre as águas
Tua arte não é melhor do que a da palha.
Se podes voar nos ares,
Tua arte não é melhor do que a da mosca.
Conquista teu coração
E poderás tornar-te alguém.

Como método para a obtenção de conhecimento, as religiões orientais em geral, e as religiões monoteístas em seus aspectos místicos, empregam o caminho da negativa, ou *via negativa*, proposta pelo ensinamento hindu dos Upanishades: "O significado de Brama é expresso por *neti, neti* (nem isto, nem aquilo); pois para além disto, que dizes não ser assim, nada mais existe. Seu nome, porém, é Realidade da realidade." Trata-se de um processo de remoção das camadas de irrealidade e ilusão para se atingir o âmago da Realidade. O "este" e o "aquele" pertencem à dualidade, à separação, e devem ser abandonados para se obter o verdadeiro conhecimento e a unidade derradeira. No Cristianismo, Eckhart emprega a mesma técnica da negativa, ou da remoção de camadas, ao dizer: "Deves amar a Deus como um não-Deus, não-Espírito, não-pessoa, não-imagem, mas como Ele é, um Uno simples, puro e absoluto, livre de toda a dualidade, e em quem devemos mergulhar eternamente do nada para o nada." Fílon, o Judeu, arraigado nas tradições gregas, afirmara muito antes de Eckhart: "Aquele que pensa que Deus possui qualquer qualidade e não é Uno, comete injúria não contra Deus, mas contra si mesmo." O místico cristão Nicolau de Cusa expressa assim tal noção: "Deus, que é o Máximo, não é nem isto nem aquilo." E diz que "uma compreensão de Deus significa antes a abordagem do nada do que a abordagem de alguma coisa". Aquino diz: "Não podemos saber o que Deus é, mas sim o que Ele não é." Dante nos diz: "Somente através da negação podemos chegar a conhecer tais coisas." O sufi islamita Abi el-Khayr disse que lhe fora revelado que ele não era "nem isto nem aquilo". Huang-po, o budista chinês da escola Ch'an, nos diz que "da discriminação entre isto e aquilo um exército de demônios se inflama".

Dionísio, o Areopagita, compara o caminho da negativa com o trabalho de um escultor. "Para este, não é estranha a arte daqueles que esculpem da pedra uma imagem semelhante à vida, removendo tudo o que impede a visão clara de sua forma latente, revelando sua beleza oculta através da remoção."

Esta *via negativa* é o Caminho taoísta por excelência, tão bem expresso por Fung Yu-lan em seu *Spirit of Chinese Philosophy* (*O espírito da filosofia chinesa*):

> O método taoísta da busca do tipo mais elevado de conhecimento e da esfera mais elevada era renunciar ao conhecimento. O fruto da renúncia ao conhecimento é o não-conhecimento, mas este tipo de não-

conhecimento vem de um estágio de conhecimento pelo qual se passou. Não se trata do não-conhecimento da ignorância original... O homem possuidor do não-conhecimento da ignorância habita a esfera natural da inconsciência de si mesmo; o homem possuidor do não-conhecimento obtido posteriormente habita a esfera transcendente... O homem na esfera natural da inconsciência de si mesmo não sabe fazer muitas distinções entre as coisas. O homem na esfera do transcendente esqueceu as distinções que costumava fazer entre as coisas... Ele é aquele que, tendo feito distinções, esqueceu-se delas. O outro, não tendo feito distinções, não alcançou esse nível.

A respeito de distinções, diz Chuang Tzu: "Na verdade não existe nem erro nem acerto, nem sim nem não, nem distinção de espécie alguma, uma vez que tudo – inclusive os contrários – é Uno." O mesmo Chuang Tzu advertiu: "Não indagues se o Princípio é este ou aquele." E novamente, a partir da afirmação de Lao Tzu de que "o Tao que pode ser nomeado não é o Tao eterno; o nome que pode ser definido não é o nome imutável", Chuang Tzu diz: "O Princípio não pode ser ouvido; aquilo que é ouvido não é Ele. O Princípio não pode ser visto: aquilo que é visto não é Ele. O Princípio não pode ser proferido: aquilo que é proferido não é Ele... não se pode nem indagar nem replicar o que ele seja." Lao Tzu afirma que o Caminho é "subtrair e, não obstante, subtrair novamente".

O caminho da negativa, ou o caminho da autoindagação, ou qualquer outro caminho do autoconhecimento, significa modificar-se ao ponto de se tornar apto a ver a partir de diferentes aspectos e níveis; só se pode entender e conhecer o que se *é*. O conhecimento é parte integral do ser. A verdade permanece a mesma, apenas o indivíduo se adapta a diferentes modos de entendê-la.

XI. O Taoísmo e o Hinduísmo

Na antiga capital da China, em Ch'ang-an, havia uma grande variedade de crenças religiosas, que realizavam cultos em seus templos e possuíam santuários devidamente oficializados. Os templos taoístas e confucionistas representavam as crenças nativas, enquanto os santuários budistas, os templos zoroástricos de adoração do fogo, as igrejas cristãs nestorianas, mesquitas islâmicas e grupos maniqueístas e judeus continuavam a conviver pacificamente. Muitas destas crenças se extinguiram por serem estranhas ao temperamento e à mentalidade chineses; mas o Budismo, nascido do Hinduísmo, sobreviveu para tornar-se a terceira religião da China; modificando-se radicalmente, o Budismo chinês tornou-se diferenciado e, fundindo-se com o Taoísmo, deu origem ao Ch'an, ou Zen.

A comparação entre o Taoísmo e as outras religiões, num espaço pequeno será necessariamente superficial, mas poderá oferecer as linhas gerais e as indicações para pesquisas posteriores. Existem semelhanças básicas na filosofia tradicional de todas as religiões e, por necessidade, elas interagem entre si; estas semelhanças, contudo, não devem ser confundidas com identidade: do ponto de vista exterior elas são uma, são muitas; é a força dentro delas que é Una. Naturalmente, são os aspectos místicos de outras religiões que guardam uma afinidade com o Taoísmo, enquanto suas formas dogmáticas e teológicas divergem.

O Hinduísmo, como o Taoísmo, enfatiza antes o entendimento do que a ação, de modo que a ignorância se torna o oposto do bem e, conseqüentemente, o único pecado real. Derrotar a ignorância é *avidya,* e considerar a ignorância como fonte de todos os problemas é um ensinamento comum ao Hinduísmo, Taoísmo e Budismo. O autoconhecimento, *moksha*, é o caminho para a emancipação e concretização do estado de liberação das ilusões do mundo sensorial. A doutrina do *maya*, ou ilusão, não implica que este mundo seja totalmente irreal, mas sim um jogo de sombras, um reflexo. É o mundo do espaço e do tempo, da extensão e da duração, da relatividade, e só é real dentro de seus próprios limites; assim também o mal é limitado no mundo. A doutrina de *maya*, embora não apareça especificamente no Taoísmo, reflete-se na manifestação, na inspiração e na expiração, na criação e no retorno, na evolução e na involução de *yin-yang*. A dualidade só existe no mundo de *maya*. No Hinduísmo e no Taoísmo, sujeito e objeto não são entidades últimas; estão envolvidos em um jogo de forças que se opõem, que devem ser dominadas na busca do estado iluminado e da união final do ser como Ser.

Existe uma reminiscência do Eremita taoísta no Habitante da Floresta hindu: "Farei o meu quarto junto de uma árvore, renunciando a todas as coisas, amadas e não-amadas, sem experimentar dor ou prazer, sem cultivar a esperança ou demonstrar respeito, livre dos opostos, sem fortuna e sem pertences." Contudo, parece que falta a alegria característica à natureza da atitude taoísta, embora para o Hinduísmo, por outro lado, o mundo seja fundamentalmente uma expressão de prazer, o jogo – *lila* – do Absoluto, que, de forma alguma, é limitado por sua criação.

Maya é basicamente a ilusão que divide as reações e as relações em sujeitos e objetos, e dá origem aos pares de opostos no mundo visível, fazendo com que sejam vistos como separados, ao invés de totalmente interdependentes.

A palavra "ilusão" é derivada do latim "jogar um jogo", mas este jogo tem suas próprias regras: não é casuístico, existem escolhas, movimentos e lances que levam à vitória ou à derrota e que influenciam o resultado do jogo, colocando em movimento uma força irrevogável. *Maya* é também aquilo que pode ser medido e que, conseqüentemente, envolve a limitação e a finitude, enquanto opostas ao absoluto, Atman ou Tao incomensuráveis e ilimitados. *Maya* é também um véu que tanto pode ocultar como revelar. É ilusório simplesmente porque representa uma visão e uma verdade parciais: somente a verdade total é capaz de iluminar. O ponto de vista se altera com o nível de percepção e consciência, como no clássico exemplo da cobra e da corda enrolada; a quantidade de luz disponível para a visão e a capacidade de observar precisamente podem alterar completamente a coisa vista. Qualquer observação feita de fora está sujeita à distorção. Os níveis inferiores certamente estão contidos nos superiores, mas é somente a partir de um nível mais elevado que se pode constatar a existência de níveis inferiores, verdades parciais. Eles continuam a fazer parte da natureza da verdade, mas só de uma maneira parcial. O nível de manifestação representa uma limitação no reino do vir-a-ser, que é, em última análise, transcendido para se alcançar o nível do Ser e da Verdade.

Maya é um mundo refletido. É ilusório na medida em que o reflexo nunca pode ser a Coisa-em-si, mas é real na medida em que pode sugerir a presença do Real, e uma vez conhecido pelo que é, pode-se tornar o meio de se alcançar o Real. Neste mundo refletido, as coisas simplesmente parecem distintas e descontínuas porque se inserem no contínuo espaço-tempo e parecem seguir-se umas às outras; o vir-a-ser e o que já passou são ilusões de tempo. Esta sucessão de mudanças é percebida e criada pela mente. "Toda diferença se deve ao tempo, ao espaço e à causalidade. Estes são elementos constitutivos da mente. Nenhum exercício mental é possível sem eles. Você nunca pode pensar sem tempo, nunca pode imaginar qualquer coisa sem espaço, não pode ter qualquer coisa sem a causalidade. Estas são as formas da mente. Elimine-as e a própria mente deixa de existir. Toda diferença é, conseqüentemente, causada pela mente... as qualidades nascem da mente. Aquilo que não possui qualidades deve ser uno... tudo no Universo é Uno, aparecendo em diversas formas."[1]

Um ramo do idealismo hindu fala em "perfume", exatamente como as roupas que usamos não têm um cheiro próprio característico, mas assumem um aroma distintivo quando usadas. A verdadeira "mesmidade" ou "aquilo que é" é a Coisa-em-si original, não contaminada pelo "perfume", o qual surge da ignorância e é o poder da ilusão no mundo. "Aquilo que é" é puro; aquilo que se manifesta é contaminado pela dualidade e se torna uma ilusão do ego e da separação. Uma vez reconhecidas a ignorância e a ilusão, o poder do "perfume" tem ação contrária e leva a um entendimento da verdade e a uma libertação dos limites da ilusão, conduzindo o indivíduo ao *dharma* e ao caminho de volta ao Real.

A percepção, *cit*, é a Essência que possibilita a transcendência do mundo da ilusão dos sentidos para o mundo fenomenológico. O sistema de Patanjali visa mais ao controle da mente do que à união com o definitivo, e parece aceitar um dualismo fundamental que não está presente no Taoísmo. O dualismo de *purusha* e *prakriti*, sujeito e objeto, é absoluto em Samkhya, a ioga de Patanjali, cada um possuindo sua existência eterna e opondo-se à escola não-dualística de *Vedanta*, conhecida pela crença no Absoluto, um Ser Supremo com o qual a união é possível. O Deus de *Advaita-Vedanta* é a causa eficiente do Universo; de Brama nasce todo o cosmos: em manifestação, "Ele" é Isvara, ou qualquer outro nome divino.

---

1. Vivekananda, *Collected Works.*

O Hinduísmo é justa e naturalmente politeísta no mundo da manifestação, mas monoteísta na doutrina do Uno, Brama. O aparente politeísmo é, na verdade, uma pluralidade unificada, ou a ação na multiplicidade do Uno. Um panteão de deuses também surgiu posteriormente no Taoísmo, em grande parte emprestado do Budismo que, por sua vez, incorporou muitos elementos do Hinduísmo.

Nos Upanishades, Brama e Atman são nomes que expressam o Princípio Primordial, ou Tao; não implicam uma deidade a ser cultuada num sentido pessoal, mas expressam aquilo que está além de todas as formas e fenômenos e do qual tudo surge. N'Ele todas as dualidades são resolvidas. Pode perfeitamente ser equiparado ao Tao enquanto Espírito impessoal, a Força Suprema do universo, para além do reino dos sentidos e da mente racional; Ele é inqualificável e ilimitado. "Brama não tem nome ou forma, transcende o mérito e o demérito, está além do tempo, do espaço e dos objetos da experiência sensorial. Assim é Brama e tu és Ele." "Supremo, fora do alcance do poder de expressão, Brama pode ser percebido pelos olhos da pura iluminação. Pura, absoluta e eterna Realidade." Diz-se de Atman: "Agarrando sem mãos, correndo sem pés, ele vê sem ter olhos e ouve sem ter ouvidos. Conhece o que deve ser conhecido, mas ninguém o conhece."[2] "Dele nasce o universo, com ele o universo se funde e nele o universo respira."[3] O Taoísmo compartilha desta visão ao afirmar: "Quando as Dez Mil Coisas são vis-

---

2. *Shvetashvatara Upanishad.*
3. *Chhandogya Upanishad.*

tas em sua unidade, retornamos à Origem e permanecemos onde sempre estivemos."[4] E não há melhor definição para o Tao do que a de Krishna: "Eu, ó Arjuna, sou o que é e o que não é."[5]

Aquilo que para Sri Ramana Maharshi é o Ser, pode ser aplicado em todos os aspectos ao Tao. O Ser não pode ser "atingido", uma vez que, como o Tao, é tudo e contém tudo; pode ser compreendido, mas mesmo assim tal expressão envolve as implicações da separação. Trata-se antes de um caso de "ser o que tu és"; ou, nas palavras do próprio Maharshi: "Se o Ser pudesse ser alcançado, isto significaria que Ele não está presente aqui e agora, mas que deveria ser reconquistado. Aquilo que pode ser reconquistado também pode ser perdido. Desta forma, Ele seria perene. Não vale a pena lutar por aquilo que não é permanente. Assim, digo que o Ser não é alcançado. Você é o Ser. Você já é Aquilo." Embora o Taoísmo não se refira efetivamente ao Ser interior como sendo o Tao, seria razoável dizer que, uma vez que "não há nada além do Ser"[6], ele pode ser equiparado ao Tao.

Os Upanishades falam de Um Ser que se dividiu em Dois, masculino e feminino, e deu origem ao cosmos. Radha e Krishna aparecem como *shakti* e *shakta*, cada qual derivando sua força da interação entre ambos e da influência de um sobre o outro. (O simbolismo hindu é expresso aqui em termos mais físicos do que aqueles empregados na tradição chine-

4. Sen T'sen. Terceiro Patriarca da Escola Ch'an de Budismo.
5. *Bhagavad Gita*, IX.
6. *Katha Upanishad.*

sa, mais abstrata.) Este é também o simbolismo de Shiva e de sua *shakti* nos triângulos que apontam para cima e para baixo, representando o fogo e o elemento masculino, com a água e o elemento feminino. Estes têm o seu correlato em *purusha*, mente, masculino, e *prakriti*, matéria, feminino, Essência e Substância. Cada deidade hindu é equilibrada por seu consorte, e este simbolismo *yin-yang* evidencia-se no Hinduísmo através da representação do andrógino Shiva e Parvati, que envolve a total significação dos opostos e dos complementares, mas é expressa de uma forma mais sexual do que *yin-yang*. O equilíbrio também é enfatizado na teoria hindu das qualidades da Natureza, os dois opostos do ativo e do inerte, os *rajas* e *tamas* com *sattva*, equilíbrio, sendo o terceiro mediador. A passagem que se segue, extraída do *Bhagavad Gita*[7], lembra também a ação inativa do *wu-wei*, expressa pelo Taoísmo: "A ação obrigatória é feita sem amor ou ódio por aquele que não deseja qualquer fruto e que está livre do apego – tal ação é caracterizada por *sattva*, o equilíbrio."

O *Gita* ensina que não é necessário renunciar ao mundo. Não deveria haver qualquer conflito real entre a vida espiritual e a vida comum; necessário apenas é agir sem qualquer apego. "Não é pela abstenção da ação que o homem desfruta da inatividade."[8] Este desprendimento, tanto no Hinduísmo quanto no Budismo, equivale à aceitação no Taoísmo, uma vez que em nenhum dos casos se verifica a rejeição das ocorrências da vida cotidiana, associada com a acei-

---

7. Cap. 18.

8. III, 4.

tação de toda experiência com uma mente aberta e tranqüila. Como Krishna disse a Arjuna: "Não permitas que teu motivo seja o fruto da ação, nem permitas que teu apego seja dirigido à não-ação... realiza tuas ações abandonando o apego e permanecendo com a mente inalterada diante do sucesso ou do fracasso." "Aquele que vê inação na ação e ação na inação – esse é o sábio entre os homens, é um iogue, realizou toda a ação."

O iogue, cujo objetivo é a união com o Real, o Absoluto do Vedanta não-dualístico, reconhece a importância do corpo como um instrumento para a evolução do espiritual, e assim trabalha para alcançar um perfeito equilíbrio mental e físico, que conduzirá aos estados suprafísicos e supramentais de percepção. Como etapa preliminar para a concretização deste objetivo, ele precisa resolver os conflitos dualísticos para não mais ser apanhado pelas irrealidades de *maya*. O ritmo nas funções físicas e mentais é obtido através da respiração e de outros exercícios, tal como acontecia no Taoísmo tardio. Alguns ramos da ioga tendem para o ascetismo, as austeridades e a renúncia do mundo; no Taoísmo, este fator alienígena infiltrou-se com a "Escola da Higiene", que tentava desenvolver a capacidade de se permanecer sem comer através de técnicas de respiração – vivendo literalmente de ar! Este era um desvio radical do Taoísmo e da ioga clássicos, com o seu "deixar fluir" do *wu-wei*, e a libertação natural de tudo o que é limitador e artificial. Existe uma grande diferença entre práticas controladas de ioga para reduzir as exigências da vida sensual e instintiva, transformando o corpo num veículo adequado para uma jornada em direção à iluminação, e a tortura masoquista do corpo, tal como praticada no faquirismo e no ascetismo cristão, que enfraqueceu o corpo e o torna inútil. A ioga do Taoísmo tardio decadente perdeu os objetivos espirituais primitivos, incorporados pela ioga hindu, e voltou-se para os propósitos da imortalidade pessoal através da transmutação do corpo grosseiro em corpo rarefeito, que pudesse sobreviver à morte aparente. O real objetivo da ioga – a união com o Uno, ou o Tao, do Taoísmo metafísico – foi ignorado ou se perdeu. O Taoísmo alquímico tinha certas afinidades com a Hatha ioga no que dizia respeito ao culto da imortalidade do corpo e a seu nome, que é solar-lunar e, assim, se aproxima do *yin-yang* ou da polaridade Shiva-shakti. Parece haver alguma confusão quanto ao que se entendia por essa imortalidade. Em alguns casos, tratava-se, sem dúvida, de um esforço pela perfeita saúde física e de uma tentativa de encontrar os meios da imortalidade corporal; em outros, tinha aparentemente a natureza de uma transformação alquímica que, através da ioga, dava ao corpo uma constituição superior não-material, imortal.

O Taoísmo original nada tinha em comum com a *bhakti-yoga*, o caminho de devoção a um Deus pessoal, aliado ao sacrifício, exceto em seu objetivo final de união. A *jnana-yoga*, intelectual, e a *raja-yoga*, contemplativa, aproximavam-se mais do Taoísmo tradicional; a *jnana-yoga*, apesar do caminho do conhecimento e da intuição, da discriminação e do discernimento, afasta-se do Taoísmo no momento em que prega a renúncia e a austeridade, embora essa austeridade não signifique o masoquismo do ascético. A *karma-yoga* possui uma afinidade com a ação-inativa do Taoísmo. A ação é uma parte essencial da vida, mas esta ação é desprendida, não-motivada: "Portanto, realiza o trabalho a ser feito sem apego, pois o homem chega ao mais sublime trabalhando sem apego."[9]

O *Yogasikha Upanishad* ensina que nem a ioga nem o conhecimento levam, por si sós, à emancipação, pois ambos devem ser praticados. Porém, a meditação e os exercícios de ioga, quando praticados apenas para aliviar as enormes tensões da vida moderna, e divorciados de seu pano de fundo espiritual, são em última análise mais nocivos do que úteis, uma vez que propiciam um alívio temporário – o qual, por sua vez, confere uma falsa sensação de segurança –, sem contudo atingirem a raiz do problema, ou seja, a enfermidade espiritual. Assim, as pessoas conseguem apenas conviver com suas ilusões, ao invés de se curarem delas.

---

9. *Bhagavad Gita*, III, 19.

XII. O Taoísmo e o Budismo

Acredita-se que os sacerdotes budistas, procedentes da Índia, chegaram à capital chinesa durante o reinado de Ch'in Shih-huang-ti, entre 221 a.C e 208 a.C. Afirma-se que havia monges budistas em Ch'ang-an na segunda metade do séc. II a.C., mas isto não pode ser comprovado com exatidão. Os mercadores viajavam ao longo da Rota da Seda e entravam na China por Tun-huang, no Noroeste chinês, e tanto eles quanto os monges budistas estabeleciam-se nas cidades. Mais tarde, em meados do séc. III a.C., Chu shih-hsing viajou a Khotan, em busca de escrituras budistas, e trouxe o *Prajnaparamita* sânscrito, que influenciou em grande parte o pensamento budista chinês; Fa Hu (*c.* 266-308), por sua vez, traduziu o *Lótus da verdadeira doutrina* mahayanista; em 399 d.C., Fahsien partiu de Ch'ang-an em uma peregrinação à Índia para estudar textos sagrados e persuadir os mestres budistas hindus a irem para a China.

Durante a dinastia T'ang, as peregrinações à Índia aumentaram. Hsuan-tsang (*c.* 596-664) deixou a China em 629 e só voltou em 645, tendo estudado na Universidade de Nalanda. Trouxe consigo uma grande quantidade de sutras e relíquias e passou então a realizar um enorme trabalho de tradução. Em 677, partindo de Cantão, I-sing empreendeu uma viagem marítima à Índia e escreveu e traduziu obras budistas. No séc. VIII, partindo de Nalanda, Padmasambhava viajou ao Tibet para convertê-lo ao Budismo, desenvolvendo ali o peculiar Budismo tibetano.

Tanto o sânscrito quanto o chinês clássico eram línguas dominadas por uma elite literária, sendo acessíveis apenas aos eruditos; assim, o Budismo original chinês era uma filosofia intelectual bastante próxima do Taoísmo metafísico, pouco tendo em comum com o Confucionismo clássico, que se baseava na ética e considerava a família uma instituição sagrada e a devoção filial um dever sagrado; de fato, o Budismo chocava-se com o ideal confucionista ao desencorajar a vida em família e incentivar o celibato. Também a rigidez das regras que controlavam a vida do erudito confucionista não era aceita nem pelo Taoísmo, nem pelo Budismo, que enfatizavam a fluidez e a adaptabilidade.

Para propagarem sua religião, os primeiros missionários budistas, juntamente com seus seguidores chineses convertidos, fizeram uso considerável da fraseologia e da filosofia taoístas na tradução dos sutras e ao demonstrarem a compatibilidade da fé budista com a cultura taoísta nativa. Por exemplo: no

Budismo primitivo, *wu-wei* era empregado para expressar o Nirvana, a ação-inativa, a cessação da atividade dualista; também o Caminho do Tao era equiparado ao Caminho que conduzia ao Nirvana, e Buda era descrito como "aquele que nada faz e que, não obstante, nada há que ele não faça". Assim como o Budismo primitivo emprestou vários elementos do Taoísmo, também o Taoísmo tardio decadente tomou emprestado o panteão budista até que os dois se tornaram quase indistintos; tanto o Taoísmo popular quanto o Budismo dividiam e eram dominados pelos espíritos ubíquos, bons e maus, que constantemente precisavam ser consultados e apaziguados.

O Budismo e o Taoísmo concordam em quase todos os aspectos, divergindo num único ponto, pequeno mas vital: a atitude diante das vicissitudes da vida. Por considerar a vida neste mundo como uma vida de sofrimento, o resultado dos desejos, e da qual se deve escapar, o Budismo tem sido acusado, de uma maneira até injusta, de pessimismo. O Taoísmo, ao contrário, prega a aceitação das coisas tal como elas são, e vê a vida como algo fundamentalmente bom, que deve ser desfrutado; neste sentido, tem uma certa afinidade com a crença parse da "boa vida". O Taoísmo também aborda o problema da vida de uma forma mais humorística. O livro de Chuang Tzu é permeado de humor, e embora este humor seja algumas vezes zombeteiro e mordaz, o riso está sempre presente. No Budismo, temos Buddhaghosa falando da alegria do *arhant*, ou sábio, "que se distingue e se faz notar por seu temperamento alegre"[1], e Tao-

---

1. *Visuddhimagga*, XV, 43.

shin, o Mestre Ch'an: "Tudo o que é alegria, livre de ansiedade – é chamado Buda." O preceito budista do sofrimento não implica que a vida inteira seja uma penúria, mas sim que a tristeza e o sofrimento são inevitáveis na existência humana; seu objetivo é libertar a humanidade deste estado, transcendendo-o em direção ao estado iluminado; para isto, é necessário principalmente acabar com a ignorância e ver as coisas tal como elas são. O Budismo tampouco incentiva o sofrimento auto-infligido do ascetismo: "Através do sofrimento, o devoto emaciado gera em sua mente a confusão e os pensamentos enfermos. A mortificação não conduz sequer ao conhecimento mundano, quanto mais ao triunfo sobre os sentidos."[2] Tanto o Taoísmo como o Budismo insistem numa vivência plena do momento presente, sem apego ou retorno a um passado morto, sem discussão ou especulação em torno de um futuro, vendo apenas a natureza presente das coisas. Existe um dito hindu, segundo o qual não é possível montar um camelo que já se foi, nem montar um camelo que ainda não está aqui. A vivência de cada momento resolve os problemas à medida que eles aparecem, oferece uma visão mais clara e mais direta de seu conteúdo e evita a ansiedade e a preocupação, que envolvem sempre um futuro apenas hipotético, que talvez nunca aconteça.

As duas religiões são não-teístas e sustentam que "Deus", o Tao, ou o Nirvana estão além do pensamento conceitual; ambas desencorajam a especulação e o "pensamento discursivo". Buda disse: "Aquie-

2. *The Sermon at Benares.*

tando o pensamento inicial e discursivo, com a mente tranqüilizada interiormente e fixa num único ponto, penetrei e passei a habitar o segundo *jnana*, que não possui pensamento inicial e discursivo... Ali passei a habitar com clara, cautelosa e serena consciência."

A razão, com suas fórmulas bem definidas de "ou isto ou aquilo, certo ou errado, realidade ou ficção", limita-se ao mundo visível e não é capaz de transcendê-lo; pode ser empregada no reino da dualidade, mas excede suas funções legítimas quando tenta ocupar-se do infinito e do derradeiro; além disso, estando em dualidade, necessariamente dá origem ao conflito e à discussão, e freqüentemente depende de fatos selecionados para servirem às teorias: "a selva da teorização, a selvageria da teorização, o emaranhado da teorização, a prisão e as algemas da teorização, acompanhados pela enfermidade, o infortúnio, a perturbação e a febre; não conduz ao desprendimento, à ausência de paixão, à tranqüilidade, à paz, ao conhecimento e à sabedoria de Nirvana".[3] Nirvana e Tao são a resolução última de todos os opostos, lugar em que não existe "nem este mundo nem qualquer outro, nem sol nem lua"[4], e não obstante "a vida do mundo é a mesma de Nirvana, não havendo, de fato, qualquer diferença entre eles".[5] "Apenas aqueles cujas mentes já não medem as coisas entendem o Nirvana que eles não apreendem nem rejeitam... para eles, os três tempos e os dois extremos desapareceram."[6] O Mestre Ch'an, respon-

3. *Majjhima-Nikaya.*
4. *Udana,* 80.
5. *Nagarjuna Madhymika Karika,* XXV.
6. *Altar Sutra* do Sexto Patriarca.

dendo à pergunta: "O que é Tao?", disse: "A vida comum é o verdadeiro Tao; e 'O que é Tao?' – Coma quando tem fome e durma quando está cansado."

O Taoísmo e o Ch'an, mais tarde Zen no Japão, usam a mesma linguagem; a Natureza do Ser do Budismo e do Tao são uma única e mesma coisa. Certa vez disseram ao Sexto Patriarca que os mestres Ch'an da capital ensinavam que "se alguém quiser entender o Tao, deve sentar-se em meditação *dyana* e praticar *samadhi*", ao que o Patriarca replicou: "O Tao deve ser entendido pela mente desperta, e nada tem a ver com sentar-se em meditação... o Tatha-gata não tem nem de onde vir, nem para onde ir, porque está além do nascimento e da morte."[7]

O Ch'an foi a síntese do Taoísmo e do Budismo. O patriarca budista Bodhidharma – o "Bárbaro Barbado", como os chineses o chamavam – chegou à China vindo da Índia na época áurea da cultura chinesa. Ao se encontrarem, as duas filosofias mostraram ter tanto em comum, que não seria de se surpreender que uma fusão ocorresse e gerasse a escola Ch'an. (À semelhança do que ocorrera com o Taoísmo e o Budismo originais, a escola Ch'an surgiu como um protesto contra o desenvolvimento do formalismo e da especulação, e pregava um retorno à simplicidade.) Ambas reconheciam dois métodos para se atingir o estado iluminado: a progressão gradual e a iluminação súbita. O modo súbito ou "abrupto" tem por objetivo chocar o discípulo com a experiência imediata; nas palavras de Gai Eaton: "Rasgar, com um puxão certeiro, a cortina que oculta a luz." Aqui,

---

7. *Altar Sutra.*

a mente racional representa um empecilho e é a fonte de delírios e limitações. Ela só funciona no mundo dos sentidos; de fato, nas religiões orientais ela *é* o sexto sentido. Não somos suficientemente simples, e permitimos que tanto a mente quanto as emoções interfiram na percepção direta; esta é a doutrina taoísta-budista da Não-mente.

Não se pode distinguir um mestre taoísta de um mestre Ch'an. Em geral, são homens encarquilhados, que zombam do farisaísmo e dos valores mundanos, tais como a fama e a fortuna, e que não levam ninguém a sério, nem eles mesmos. Deles é o esforço fácil, é a ação inativa, associados com uma leveza de tato inerente e uma leveza de espírito. O peso pertence à terra; a leveza é uma qualidade do espírito. Embora o impessoal e o desprendido permaneçam, o pessoal e o imediato são desfrutados no mundo cotidiano de uma maneira totalmente desapegada.

Possivelmente o conceito mais significativo que o Ch'an herdou do Taoísmo seja o do imediatismo e da espontaneidade, necessários à vida em harmonia com a Natureza, à simplicidade, à ação desmotivada e à perfeição da ausência de esforço. Quando o Ch'an chegou ao Japão, onde se tornou conhecido como Zen, essa espontaneidade influenciou todas as artes japonesas – pintura, poesia, arco e flecha, esgrima – todas elas exigindo respostas instantâneas. Desta forma, a mente racional não tem tempo de interferir; nenhuma deliberação, nenhuma alteração é possível; como no Taoísmo, da simplicidade e da espontaneidade vêm a alegria, a despreocupação e o espírito totalmente leve. A respeito desta liberdade, Hui Neng, o Patriarca Ch'an, disse: “A única diferença entre um

Buda e um homem comum é que um entende e o outro não." Esta liberdade também é o conceito taoísta do *wu-wei*, o soltar-se, a não-reivindicação, algo que se movimenta conforme as correntes da vida e da Natureza, evitando o atrito e permitindo a ascensão dos ritmos naturais da vida, tanto física quanto espiritual. "Usa a luz que existe dentro de ti para retornar à tua clareza natural de visão. Não é preciso que a busques fora de ti."[8]

O Budismo Hinayana possui menos afinidade com o Taoísmo do que o Budismo Mahayana; o primeiro, com sua ênfase no controle do corpo e seu forte dualismo, tem mais em comum com o Taoísmo popular, surgido posteriormente, que desenvolveu suas próprias formas de práticas de ioga, como no Taoísmo alquímico e na "Escola da Higiene", que pregava o controle da respiração, o jejum, a higiene e a conservação do corpo, como fazia o Hatha ioga. Seus adeptos eram vegetarianos, abstinham-se de vinho e eram celibatários, seu objetivo principal era a longevidade nesta vida através de um estado físico e mental saudável, para, posteriormente, uma sobrevivência feliz no Paraíso Ocidental. O Taoísmo primitivo e o Budismo Mahayana visavam o desenvolvimento da sabedoria na figura do Sábio ou Iluminado e na obtenção do Tao ou Nirvana. O Budismo genuíno e o Taoísmo tardio pregavam a noção do Paraíso Ocidental, ao qual tinham acesso as almas dos homens virtuosos e afortunados depois da morte. O Budismo chinês primitivo pregava a existência

---

8. *Altar Sutra*.

de uma alma imortal; Yüan Hung, da dinastia Han, escreveu em seu *Hou Han Chi* que os budistas "também ensinam que quando um homem morre, sua alma não perece; na verdade, ela toma uma nova forma". E Hui-yüan escreveu: "Enquanto o corpo se desfaz, o espírito não se altera. Com o espírito imutável aproveitando-se do corpo mutável, não há um fim para as transformações."[9] Mas tais ensinamentos eram um desvio dos preceitos originais de seus fundadores, pois o conceito do Paraíso Ocidental era incompatível com a natureza não-pessoal do Tao e do Nirvana budista. Tanto o *Sunyata* budista como o Nada, o Vazio ou a Realidade Última taoístas, são estados interiores, não exteriores, e estão além de qualquer definição. A respeito do *Sunyata* escreveu-se: "Nada passa a existir, nem desaparece. Nada é eterno, nem possui um fim." Do Tao, diz-se: "Ele é amorfo, e não obstante completo"; "existe sozinho e nunca se altera, está em toda a parte e nunca se extingue".[10]

O Budismo tântrico, que se tornou a forma característica de Budismo no Tibete, nasceu de práticas de ioga, posteriormente transcendendo-as. É uma interpretação de um dualismo relativo tal como existe, no Hinduísmo, no simbolismo do *shakti-shakta*, ou *Shiva-shakti*, e da união de masculino e feminino que aparece numa versão mais humanizada do símbolo *yin-yang*, mais abstrato – união que resulta na fusão de suas identidades duais no andrógino, no

---

9. *Shen-pu-mieh-lun*. Sobre a Indestrutibilidade da Alma.
10. *Tao Te Ching*, XXV.

Uno não-dualista. Esta união tântrica é análoga à união de Sabedoria e Método, *prajna* e *upaya*, *yin* e *yan*, embora o Budismo tântrico não equipare completamente o princípio feminino com *shakti* ou com *prajna*, Sabedoria; e embora empregue a polaridade feminino-masculino, seu simbolismo não implica, analogamente ao que ocorre no Taoísmo com o *yin* e o *yang*, qualquer noção de sexualidade. O primeiro é transcendente e afastado, é imanente e desempenha uma função no mundo. O simbolismo *yin-yang* também aparece no conceito de ser corporal composto de dois elementos: o elemento diamante, masculino, ativo, material, e o elemento útero, feminino, passivo e mental.

S. B. Dasgupta escreve a respeito de Tantra: "um princípio teológico de dualidade na não-dualidade... A Realidade última não-dual possui dois aspectos em sua natureza fundamental, o negativo (*nivritti*) e o positivo (*pravritti*), o estático e o dinâmico... estes dois aspectos são representados no Hinduísmo por Shiva e Shakti, e no Budismo por *prajna* e *upaya*, ou *Sunyata* e *Karuna*"[11].

No Tantrismo, os sentidos, que normalmente são um agente que liga o homem ao corpo, são utilizados como meios para libertar de sua tirania e ajudam a compreender a relação do corpo com o espírito e do espírito com o divino.

Contudo, o Tantrismo e o Taoísmo divergem quanto a suas aplicações práticas, pois enquanto o Taoísmo tradicional não possuía rituais, era espontâ-

---

11. *An Introduction to Tantric Buddhism.*

neo e não-convencional, o Tantrismo é altamente ritualístico, embora uma de suas correntes sustentasse que o ritual fosse um estorvo e que se atingia o estado iluminado através de um lampejo repentino ou de uma iluminação espontânea.

XIII. O Taoísmo e o Zoroastrismo

Embora o Zoroastrismo, a Religião do Bem, seja uma tradição teológica e ritualística, e portanto ética, possui pontos em comum tanto com o Taoísmo quanto com o Confucionismo. Prega a dignidade e a nobreza associadas ao Meio, a atitude sensata, regulada, tranqüila e civilizada com relação à vida, tão característica do Confucionismo e da antiga cordialidade social e pessoal dos chineses. O comentário do professor Zaehner sobre o Zoroastrismo, de que segundo ele "há uma sutil diferença entre a pessoa grosseira e o pecador"[1], seria igualmente válido para o antigo código de conduta chinês. Como o Confucionismo, a religião de Zaratustra também exige a justiça absoluta. O Taoísmo, de outro lado, embora não vá tão longe ao ponto de sugerir que se ame os

1. *The Teachings of the Magi.*

próprios inimigos, afirma que a eles se deveria fazer o bem; para as três tradições, porém, qualquer atitude de vingança é um mal e está abaixo da dignidade do homem bom, generoso e justo.

Em seu aspecto dualista, o Zoroastrismo vai além do Taoísmo e do Confucionismo; em vez da interação *yin-yang*, onde cada um é interdependente e possui o germe do outro dentro de si, e onde tudo se encontra num estado de fluxo, o Zoroastrismo oferece uma nítida divisão ente os opostos de bem e mal, uma vez que "cada um deles existe em e por sua própria essência em infinito antagonismo. "Nunca houve qualquer coisa, e nunca haverá, que não fosse nem boa nem má, ou uma mistura das duas."[2] Tudo o que existe deve pertencer exclusivamente a uma destas duas categorias, e uma não pode dar origem à outra, como fazem o *yin* e o *yang*. Até mesmo o reino animal é dualista, independentemente de ter sido criado por Ormuzd, e de pertencer a ele, como os cães e pássaros, ou de pertencer a Ahriman e às forças do mal, como os lobos, os gatos, as cobras e os ratos. O Zoroastrismo se distingue de todas as religiões orientais que afirmam ser a força ou o princípio criativo uma unidade; para o Zoroastrismo, o dualismo é fundamental no reino da criação, embora não seja considerado, como no caso do pitagorismo, do maniqueísmo e das "heresias" mais recentes do Cristianismo – os cátaros, por exemplo – uma vez que no final da criação o mal será extirpado. Mas o Zoroastrismo se aproxima mais das religiões orientais quando compara o mal com a ignorância, considerando-a

---

2. *Shikand-Gumani Vazar*, III.

uma qualidade negativa, ou pelo menos um erro, ou ainda, na pior das hipóteses, uma estupidez cega e obstinada. A Religião do Bem é a mãe da Sabedoria: "de todas as coisas a sabedoria é a melhor", e o "conhecimento correto" é necessário para se alcançar a sabedoria.

A humanidade é considerada a obra mais requintada de Deus na criação, feita para combater as forças do mal e provocar sua derrocada, destruindo Ahriman; mas o homem também tem em si as qualidades contrárias de bem e mal, e por essa razão deve estar sempre atento e ativo na luta em favor do primeiro e contra o segundo. Esta dualidade ressurge no conceito de força feminina, que em seu aspecto bom é Spandarmat, a Rainha do Céu e Mãe de Todas as Coisas, e que, como todas as Rainhas do Céu, é, ao mesmo tempo, filha e mulher do Criador, além de ser também a Prostituta, Gaymart, que seduz o homem e representa o aspecto mau do elemento feminino. Por ter sido criada por Ormuzd, no início deve ter sido boa; entretanto, aliando-se com Ahriman, ela seduz o homem, assim como Eva aliou-se à Serpente para seduzir Adão. Desta forma, ela possui tanto o aspecto bom quanto o mau, como acontece em todas as outras religiões, notadamente na figura hindu de Kali que tanto nutre quanto destrói.

A relação Céu-Homem-Terra, tão presente na tradição chinesa, aparece no credo zoroástrico como "meu Pai é Ormuzd", o Céu, a Luz Suprema. E "minha mãe é Spandarmat, a Terra". Ormuzd também seria o "O que Move sem se Mover", uma vez que cria "sem pensamento, sem movimento e sem toque". Tudo indica que no Zoroastrismo também existe o Terceiro Transcendente além dos opostos ou das alternativas, uma vez que Ahura Mazda, Senhor da Luz e da Verdade, e Angra Mainu, Senhor das Trevas e da Mentira, eram filhos de Zervana Akarana, com o qual, no fim, se tornarão um novamente.

O Zoroastrismo e o Taoísmo têm em comum a crença na virtude da naturalidade e da cooperação com a Natureza, de modo que esta possa crescer e produzir conforme suas leis, "através da Natureza, até a Natureza de Deus". O *Te*, virtude, do Taoísmo, significa viver de acordo com a Natureza, o Caminho do Tao; a virtude da Boa Vida do Zoroastrismo significa tirar dela o melhor e dar-lhe o melhor. Esta "virtude", como no Taoísmo, não impede nem inibe o prazer da vida; de fato, o estimula. O ascetismo e os extremos são opostos e totalmente contrários à Natureza, à Boa Vida e ao equilíbrio e harmonia pelos quais o homem deve zelar para que ele e tudo o que dele depende, inclusive animais e plantas, compartilhem da bondade da terra. A terra é cuidada com uma devoção religiosa e nenhuma forma de vida é explorada. O Taoísmo e o Zoroastrismo encorajam efetivamente o risco e o senso de humor, e exortam o homem a viver o presente e a gozar a vida, deixando o passado e não se preocupando com o futuro, mas mantendo-se consciente da necessidade de equilíbrio e harmonia, sem se encher de satisfação pela prosperidade, nem se deprimir com o infortúnio, pois um pode se transformar no outro a qualquer momento. Assim como Chuanf Tzu zomba do desejo infantil da fama e da fortuna, considerando-as grilhões e recusando o posto de Primeiro-Ministro em favor da liberdade, também o Zoroastrismo diz: "Não se esforce por alcançar altos postos", pois isto corrompe o espírito.

A doutrina da moderação da Religião do Bem está de acordo com o caminho natural do Taoísmo, o Meio do Confucionismo, o Caminho do Meio do Budismo e o conceito grego de "Nada em Excesso". A ênfase dada ao equilíbrio é absolutamente evidente, e todos os tipos de excesso e deficiência são deplorados e rejeitados como sendo incongruentes com a noção de sabedoria, e por tornarem a vida ineficiente. O Meio guarda o mundo dos extremos do reino do Agressor. O Mal e a Mentira, "a mais violenta mentira", são comparados com a agressão e a violência; ao excesso da Mentira opõe-se o Meio, a Verdade.

Não há dúvida de que o Taoísmo difere do Zoroastrismo quanto à moralidade precisa e um tanto rígida deste último e ao seu dualismo radical de bem e mal; mas as duas religiões se unem ao afirmar: "Faça em santidade tudo o que quiseres", o que significa a liberdade da moralidade convencional exercida pelo Sábio taoísta, que nada pode fazer de errado, pois o erro não está mais nele. Novamente o aspecto zoroástrico é mais sério do que a despreocupada atitude taoísta.

Os taoístas dividem com os zoroastristas a crença de que todas as coisas celestiais possuem contrapartidas terrestres, que são impregnadas de força espiritual atrás de si, de modo que qualquer arte ou qualquer coisa que não possui esta qualidade espiritual e é designada apenas para dar prazer é, nas palavras de Platão, apenas um brinquedo, ao invés de manifestar "o movimento vital do Espírito"[3].

3. Hseih-ho, sobre os Cânones da Arte.

O caráter inominável do Tao – "O Tao que pode ser nomeado não é o Tao eterno; o nome que pode ser definido não é o nome imutável"[4] – repete-se no *Shikand-Gumani Vazar*, que diz: "Se todas as coisas fossem Um, este Um seria inominável, pois uma coisa só pode ser distinguida da outra quando adquire um nome."[5]

O Nada do Zoroastrismo é totalmente diferente do nada do Taoísmo. Para o primeiro, é aquilo que está entre a Luz e as Trevas, entre Ormuzd e Ahriman, é o "instrumento" com o qual se combatem as forças das Trevas e da Mentira na batalha pela Luz e pela Verdade, e para dentro do qual o mal é finalmente arremessado. Esse Nada, ou Vão, torna-se uma força em si e é deificado. O Nada do Taoísmo é aquilo de que tudo emana e para onde tudo retorna, o Pleroma, e está mais próximo do Tempo Ilimitado zoroástrico, que existia antes de o Universo se tornar manifesto, sem princípio ou fim, ao passo que o Tempo Limitado, um tempo que criou a si mesmo e que pode ser medido, começou quando o Sol, a Lua e as estrelas foram criados.

Ormuzd, ou Ahura Mazda, é Senhor tanto do espírito como da matéria, o *yang* e o *yin*, e ambos provêm da mesma fonte. O Ser Supremo, como o Tao, é amorfo e incompreensível à mente limitada, e só se revela ao homem sob a forma de raios que partem de uma Luz central. O indivíduo é livre para escolher entre os poderes dualísticos de Bem e Mal, Luz e Trevas, Verdade e Mentira, Vida e Negação da Vida, forças construtivas e forças destrutivas:

4. *Tao Te Ching*, cap. I.

5. Cap. VIII.

Ouve com teus ouvidos a Verdade suprema que ensino,
E com mente iluminada pondera-a com cuidado,
Antes de escolheres um dos dois Caminhos a seguir,
Decidindo homem por homem, cada um por si.[6]

A ênfase, aqui, recai sobre a Mente, a "mente iluminada", que é a força decisiva que possibilita ao homem escolher, através da sabedoria, o caminho da Luz e da Vida. Todo o mal se deve à falta de sabedoria e inteligência; o pecador é estúpido na medida em que prejudica a si mesmo. Se um homem dá as costas para seu verdadeiro ser, sua alma começa a se desintegrar e ele deixa de ser humano; mas antes que este estágio seja alcançado, ele pode sofrer por sua estupidez, e a dor do seu sofrimento pode levá-lo a entender sua tolice, fazendo-o retornar à sabedoria. O Hinduísmo, o Taoísmo, o Zoroastrismo e o Budismo responsabilizam diretamente o homem por seu destino e por sua condição de vida; a fonte e os meios para se chegar ao equilíbrio e à harmonia recaem sobre o desfrutar do autoconhecimento, a escolha do caminho certo, não oferecendo qualquer salvação alternativa nem um mediador para o homem, uma vez que ele próprio deve ser o mediador entre o Céu e a Terra. A diferença básica entre o Taoísmo e o Zoroastrismo está no fato de o último não possuir qualquer tradição de misticismo, ao passo que o Taoísmo é o próprio misticismo.

Seguindo-se ao Zoroastrismo, surgiu o Maniqueísmo, uma religião persa que nasceu do ensinamento de Mani (*c*. 216-276) e que floresceu durante algum

6. *The Gathas.*

tempo, desaparecendo no séc. XIV. Era eclética, utilizando vários elementos do Zoroastrismo, do Budismo e do Cristianismo, mas sua principal característica era o dualismo absoluto, que nada tinha em comum com o dualismo de *yin* e *yang*, uma vez que era absoluto e primário; o espírito era bom, enquanto a matéria era má, o que exige, logicamente, uma completa rejeição do mundo material e de tudo aquilo que nele existe, tolerando, se não efetivamente encorajando, o ascetismo. Tal noção desvia-se por completo da crença zoroástrica, segundo a qual o mundo foi criado bom, que oferece uma Boa Vida a seus adeptos, e do ensinamento taoísta de que o homem é essencialmente bom. O desrespeito pelo corpo físico, mais tarde evidente no Cristianismo, foi transmitido pela influência maniqueísta de Sto. Agostinho. Na China, o Maniqueísmo se estabeleceu e floresceu durante a dinastia T'ang; os imperadores T'ang receberam na corte representantes do Zoroastrismo e do Maniqueísmo e permitiram que eles fundassem templos. As duas religiões permaneceram ali durante as dinastias Sung e Yüan, até que foram absorvidas e finalmente pereceram. O desprezo maniqueísta pelo corpo nunca chegou a encontrar eco no Taoísmo, que considerava o corpo como um instrumento do espírito, devendo ser mantido no equilíbrio *yin-yang*. Mais tarde, com o culto da longevidade e a busca do elixir da imortalidade, o corpo passou a receber cuidados exagerados.

XIV. O Taoísmo e as religiões monoteístas

De um modo geral, as religiões do Oriente, e particularmente o Taoísmo e o Budismo não-teístas, seguem o caminho do conhecimento, da gnose e do entendimento, enquanto as religiões teístas, possuindo um Deus pessoal, enveredam pelos caminhos da devoção e do sacrifício, ou o caminho *bhakti*. Por definição, as religiões teístas admitem a existência de um Deus Criador, um dogma rejeitado pelas tradições não-teístas, que sustentam que o Ente Supremo está além da definição; o alcance da mente humana, apesar desta postura, também aparece, conforme veremos, nos ensinamentos dos místicos cristãos e sufis. De um modo geral, porém, o caminho da devoção e do sacrifício leva a um simbolismo de amor pessoal do Ser Amado, sempre de natureza emocional e algumas vezes beirando o erótico, ao empregar termos tais como "noiva e noivo", "amor ardente" e a alma "gerando filhos": um elemento que absolutamente não existe no misticismo intelectual e impessoal do Taoísmo e do Budismo. Igualmente estranha às religiões orientais é a noção do sacrifício que se faz pelo bem de outro; as religiões orientais, conforme dissemos, pregavam a doutrina de que o homem é responsável por sua própria salvação ou degeneração ao escolher seu caminho e ao pautar sua vida segundo uma relação de causa e efeito moral; partindo do princípio de que a má ação gera um mal maior e um mau *karma*, e que boas ações geram um bom *karma*, o homem cria seu próprio destino, seu próprio céu ou inferno. É interessante observar que esta doutrina apareceu no Cristianismo na heresia pelagiana, que em certa época ameaçou ganhar aceitação na Inglaterra; negava o pecado original e afirmava que a liberdade dava ao homem a chance de escolher entre o certo e o errado – escolha que trazia conseqüências inevitáveis e colocava em movimento uma série de resultados correspondentes sem qualquer influência divina. Este foi o ponto em que o Cristianismo mais se aproximou da doutrina do *Karma*, que é explícita no Hinduísmo e no Budismo e implícita no Taoísmo.

As religiões monoteístas dependem essencialmente da revelação; Moisés, Jesus e Maomé foram os instrumentos da revelação divina. Este elemento contudo existe em todas as religiões, embora numa extensão menor: os Vedas foram revelados aos Profetas, Buda revelou sabedoria e os Sábios do Taoísmo e do Confucionismo foram responsáveis pela revelação da sabedoria ao não-iluminado. Em alguns casos, a revelação é essencial e total; em outros ocorre como resultado de se atingir o estado iluminado. As religiões monoteístas concentram sua preocupação no encontro de Deus com o homem, um ponto de vista exterior, enquanto as religiões orientais ensinam que o homem encontra o divino dentro de si mesmo e de todas as coisas. Em termos gerais, deve-se dizer que o caminho das tradições monoteístas é o da renúncia e da devoção, e que o caminho das religiões não-teístas é o do conhecimento e da aceitação. O Taoísmo e o Budismo originais, antes de desenvolverem um panteão, nada conheciam a respeito do capricho de deuses que "tentavam" ou "testavam" seus devotos, que desconsideravam as características humanas da ira e do ciúme, que causavam sofrimento ao mesmo tempo que ofereciam consolo, que se deliciavam com o sacrifício e cujas reações freqüentemente aparecem como totalmente imprevisíveis.

O Cristianismo original era livre da exigência e da moralidade rígida que acompanham a atitude "Deves ou não deves", e negou, através de seu fundador, a atitude primitiva do Velho Testamento, baseando seus ensinamentos nas qualidades mais sublimes do amor, da compaixão e da compreensão da fragilidade humana – pregando a idéia de um Reino dos Céus interior em vez de um Deus exigente, exterior. Mas enquanto Cristo pregava que o Reino dos Céus era interior, o Cristianismo, em sua evolução, aliou-se ao conceito de luta por um ideal de perfeição, o progresso do "vir-a-ser", uma condição a que se chegava passando por diversos estágios. Tal postura se opõe ao ensinamento taoísta-budista de "ser" mais do que "se tornar". O vir-a-ser está ligado à dualidade, a um processo e a uma progressão, estados superficiais que devem ser transcendidos antes que o tempo e o vir-a-ser possam cessar e o ser sobrevir em toda sua simplicidade, espontaneidade e plenitude. Esta divergência se deve, em grande parte, à influência de Paulo: a austeridade, a repressão do elemento *yin* e a ênfase excessiva no elemento *yang*. A dualidade era representada como o conflito entre as duas naturezas do homem – o que conseqüentemente levava ao complexo de culpa –, ao invés de considerá-las como trabalhando em tensão, equilíbrio e harmonia. O Cristianismo deve muito aos seus místicos, que não apenas retificaram o desequilíbrio gerado por Paulo, como também ajudaram o Cristianismo a se libertar da escravidão do momento histórico, quando se preocupava demais com os acontecimentos no tempo, levando-o de volta ao atemporal.

O equilíbrio *yin-yang*, perdido na época de Paulo, foi restaurado pelos místicos através dos caminhos da *via affirmata* e da *via negativa*, que se exigem mutuamente, pois embora a primeira possa afirmar qualidades da Deidade, estas contudo são atributos e não podem ser eficazes além da manifestação. Uma vez que o Absoluto é indefinível e está além de todas as qualidades, a negativa "nem isto nem aquilo" deve ser empregada para desnudar tudo o que não é e revelar o que é.

O equilíbrio também se perdeu no ascetismo, tal como praticado por Suso e outros, que se torturavam e produziam as inevitáveis reações físicas e mentais que resultavam na Escura Noite da Alma e em todos os mórbidos extremos maníaco-depressivos, dos quais felizmente estavam livres Eckhart, Sta. Teresa d'Ávila e os místicos ingleses. Traherne, com uma lógica mordaz, diz que os ascéticos "adiam a felicidade com longas demoras e são muito suspeitos... também não há razão que explique o fato de eles a desejarem no fim e não agora"[1]. A alegria está presente em todo o misticismo de Traherne: "Uma Alma Magnânima está sempre desperta... o sol é sua lâmpada, o mar seu lago de peixes, as estrelas suas jóias, os homens e os anjos seus criados, e Deus sozinho, seu soberano deleite... a terra é seu jardim, todos os palácios, suas casas de verão, as cidades são suas moradas, os impérios suas cortes mais espaçosas, todas as eras e reinos sua degradação."[2] E não há melhor expressão do que a dele para o elemento natural do misticismo: "Nunca desfrutarás corretamente do mundo até que o mar corra por tuas veias, até que te vistas com os céus, te coroes com as estrelas, e percebas que és o único herdeiro do mundo inteiro, e mais ainda, pois os homens que nele habitam são todos os únicos herdeiros tanto quanto ti."

O autor de *The Cloud of Unknowing* (*A nuvem do desconhecimento*), um místico na verdadeira acepção do termo, prático em seu modo de pensar, bem-humorado e perspicaz, que não simpatiza com os "travessos truques da alma", deplora os emocionalistas que "fazem seus corações de carne trabalharem agitadamente em seus peitos, enchendo de feridas suas tolas almas". Também não gosta dos clérigos pomposos ou de quaisquer afetações que denotam "sinais de instabilidade mental". A verdadeira espiritualidade deveria tornar as pessoas tão normais e amáveis, que "cada homem bom que as visse se sentiria satisfeito e feliz por tê-las em sua companhia".

---

1. *Centuries of Meditation.*
2. Ética cristã.

No auge da influência aristotélica sobre a Igreja Católica Romana na Escolástica da Idade Média, Eckhart fundou uma escola de pensamento místico-metafísica semelhante à doutrina do conhecimento direto do Oriente e utilizou a característica negativa desta doutrina: “Fundido mas não confundido.” Eckhart demonstra a característica universal do misticismo. A. K. Coomaraswamy diz que todas as passagens de Eckhart parecem ser traduções diretas do sânscrito; de fato ele é universal, podem-se encontrar paralelos dos seus trabalhos no misticismo de todas as religiões e de todas as épocas. Sua filosofia tem sido comparada com a Sankara, e é Taoísmo puro quando ele afirma: “É lícito tomar com ambas as mãos as dádivas da vida, desde que estejas preparado para, na situação oposta, abandoná-las com a mesma felicidade.” E novamente: “Não penses que podes erigir tua salvação sobre ações; ela deve repousar no que tu *és*.” “Em verdade vos digo que qualquer objeto que tenhais em mente, apesar de bom, será um obstáculo entre vós e a mais profunda Verdade.”

Eckhart possui muitas afinidades com o Taoísmo, pelo simples fato de não ter sido um sonhador do outro mundo (uma concepção popular errônea a respeito da natureza do místico), mas um homem de capacidades administrativas e literárias, exatamente como o Sábio taoísta era, com freqüência, um homem de grande erudição, um poeta genial, ou mesmo um oficial do governo. Além disso, ambos estão preocupados mais com uma forma intelectual de misticismo do que com uma forma emocional, e com a metafísica mais do que com a ética. Em Eckhart não existe nada do emocionalismo fervoroso e dos estados sensuais de êxtase, da luta pela bem-aventurança ou por uma relação pessoal com o Ser Amado. Ele representa o caminho frio, claro, que rejeita o jejum, as vigílias, o ascetismo e as visões estáticas tão comuns em sua época.

> A satisfação através do sentimento deve significar que Deus nos dá conforto, êxtases e deleites, mas... estes só dizem respeito à emoção; a satisfação racional, porém, é um processo puramente espiritual, no qual o ponto mais elevado da alma permanece inalterado pelo êxtase, não se afoga em prazer, erguendo-se majestosamente sobre tudo isto. O homem só atinge um estado de satisfação espiritual quando estas tempestades emocionais de natureza psíquica já não conseguem abalar o ápice de sua alma.

"Aqueles que saem à busca de 'emoções' e 'grandes experiências', desejam possuir apenas este lado prazeroso: isto é vontade pessoal, nada mais."

Como o Taoísmo, Eckhart enfatiza o aspecto transcendente e imanente do Absoluto, que ele chama de Ente Supremo para diferenciá-lo da Trindade do Cristianismo e que pode ser equiparado como Tao, uma vez que o Ser (*Wesen*) de Eckhart não possui diferenciação ou personalidade; é o Desconhecido, o que está além, e a ele se faz referência em sentido negativo, como sendo o Silêncio.

Para Bruno, o Supremo, ou o Divino, é uma potencialidade que tudo abarca, incorporando todo o universo e todos os seres, e que não pode ser compreendido pela mente limitada ou pelo intelecto. Tanto Bruno como Nicolau de Cusa vêem o universo como sendo ilimitado e perfeito, permeado pela essência da beleza, e cujos opostos mantêm-se em equilíbrio e harmonia. "Nos dois extremos da escala da natureza contemplamos dois princípios que são um... dois contrários que são os mesmos e que se harmonizam. Conseqüentemente, a altura é profunda, o abismo é a luz não-visitada, as trevas são brilhantes, o grande é pequeno..."[3] Para Bruno, a Natureza é Deus revelado. Comparando-o com Chuang Tzu a respeito deste tema: "Quando o subjetivo e o objetivo estão sem os seus correlatos, este é o próprio eixo de Tao. E quando o eixo corta o centro, ao qual convergem todos os Infinitos, positivo e negativo se fundem igualmente num Uno infinito. Daí dizer-se que não há nada como a luz da natureza." E o *Tao Te Ching* refere-se assim ao Uno: "Revelado, não é deslumbrante. Oculto, não é escuro. Infinito, não pode ser definido. Ele remete de volta à não-existência... encontra-o, e não poderás ver sua face. Siga-o, e não poderás ver suas costas."[4]

O neoplatonismo penetrou no Cristianismo através do centro de aprendizagem de Alexandria, e particularmente através da obra de Dionísio, o Areopagita, e introduziu o negativismo como reação ao superpositivismo da Escolástica aristotélica, um negativismo que, como aquele do Oriente, atuava através de um processo de "esvaziamento, desnudamento e silenciamento dos poderes normais da alma", o que deveria resultar num preenchimento do Espírito. Dionísio, que sustentava que Deus transcendia todos os contrários, escreveu: "No último estágio, mesmo a distensão en-

3. *De rerum natura.*
4. Cap. XIV.

tre sujeito e objeto desaparece e a própria Mente é Aquilo que ela contempla. O próprio pensamento é transcendido, e todo o mundo material desaparece. Então, apenas o sujeito se reconhece como parte e se reconhece como todo."[5]

A concepção neoplatônica do universo começa com o Uno, o Bem que, como o Tao, é a fonte de todas as coisas; dele emana o Intelecto ou Mente, e da Mente nasce a Alma, que é o Homem tomado, devido à sua origem, por uma alma que, sendo prisioneira do corpo, não se satisfaz com suas limitações e inicia o processo de reversão da emanação em seu retorno à fonte da qual proveio. Obtém-se isso através do conhecimento e do auto-aperfeiçoamento. Um tal ponto de vista é mais sério e mais alheio a este mundo do que o Taoísmo; a alma é um estranho neste mundo, e o corpo é um fardo, o que contrasta com a apreciação despreocupada da vida, manifestada por Chuang Tzu e pelos poetas taoístas. Mas o neoplatonismo não rejeita necessariamente este mundo; este é o mundo de Deus, e conseqüentemente é bom e belo, devendo ser devidamente valorizado.

Plotino, o grande neoplatônico, referiu-se de forma depreciativa ao corpo, quando se recusou a posar para um retrato: "Não é suficiente ter que suportar a imagem na qual a Natureza me embrulhou sem o meu consentimento, para perpetuar a imagem de uma imagem, como se valesse a pena contemplá-la?" Ele não era ascético, mas como escreveu Dean Inge, "fundamentalmente sensato... não houve nenhuma daquelas tentativas de forçar o passo, que em muitos

5. *The Celestial Hierarchy*.

místicos gerou as terríveis reações descritas como a escura noite da alma. Esta sensação de abandono, que tanto ocupa os místicos dos mosteiros, deve ter alguma relação com um sentimento de culpa mais profundo e com uma pecaminosidade jamais sentidos pelo neoplatônico, e se deve em parte ao efeito da excessiva tensão nervosa e da severa mortificação do corpo, jamais encorajadas pelo platonismo. Plotino viveu a vida ativa e social de um professor entre seus alunos, mas nem ele nem seus alunos se torturavam como Suso ou como muitos outros santos católicos". Plotino era o supremo filósofo do misticismo ocidental, tanto do ponto de vista teórico quanto do prático. Afirmava que só nos tornamos reais, ou estamos em contato com a Realidade, quando usamos as faculdades mais elevadas de nossa natureza; isto é o que ele chama de "o vôo do Solitário ao Solitário". Suas últimas palavras foram: "Luto por devolver o Divino que existe em mim ao Divino que está em Tudo."

Entre os místicos europeus, os ingleses eram relativamente livres das aberrações de manifestações psíquicas e de expressões eróticas. Coventry Patmore, que chama os fenômenos psíquicos do misticismo de "fronteiras entre os sentidos e o espírito, que são o campo de caça do demônio", diz:

> O verdadeiro místico não se afasta como alguém especialmente dotado ou favorecido; ele evita veementemente aquilo que o autor de *The Cloud of Unknowing* chama de "os travessos truques da alma". Deve possuir um vívido senso de humor e um absoluto bom senso... exteriormente, nada existe que diferencie um santo de uma pessoa comum... o santo não tem modismos e você pode dividir com ele a mesma

morada sem nunca perceber que ele não é um pecador como você, a menos que você... o importune com idéias pouco definidas, obrigando-o a se calar. Ele poderá impressioná-lo por sua inocuidade e seu bom humor imperturbável, e por dar a impressão de nunca usar as oportunidades dele quando estas podem ser úteis a você; de um modo geral, porém, ele lhe dará a agradável impressão de ser inferior a você. Contudo, não leve tão a sério esta inferioridade, a ponto de lançar-lhe uma afronta, pois ele certamente responderá com alguma observação tranqüila e inesperada, demonstrando a presença de uma mente que se ergue, suponho, da presença de Deus, e fazendo com que você se sinta como se tivesse se chocado com uma rocha apenas tocando seu ombro.

A união de pensamento e emoção é melhor expressa na poesia em geral e na poesia metafísica em particular. Os poetas místicos ingleses, Donne, Crashaw, Traherne, Vaughan e Herbert compartilham com Chuang Tzu e os poetas taoístas de uma simplicidade direta aliada a um profundo significado; em Wordsworth atingiu a compreensão da Natureza e a comunicação com ela; para ele, era uma parte inseparável da vida, uma unidade e uma identificação. "Eu raramente conseguia pensar nas coisas exteriores como tendo uma existência exterior, e comungava com tudo o que via não como algo separado de minha própria natureza imaterial, mas inerente a ela."[6] Foram transmitidas a ele

Notícias autênticas de coisas invisíveis;
De fluxo e refluxo e de força eterna;

---

6. De uma nota sobre *Ode to Intimations of Immortality.*

E de uma paz central, subsistindo no âmago
Da agitação infinita.[7]

Embora Emily Brontë tenha escrito uma das mais refinadas obras sobre a experiência mística, sua própria compreensão do assunto parece ter ficado aquém, na medida em que não possibilitou nenhuma daquelas alegrias duradouras, características do verdadeiro misticismo. Ela sentia uma "harmonia inexprimível" mas também experimentava um tumulto de paixões estranhas a essa harmonia. Provavelmente isto se devia ao que Swinhurne chamou tanto de "um obscuro instinto inconsciente como de culto natural primitivo" em seu "grande gênio passional". Não há melhor testemunho disto do que os versos que se seguem:

Com um amor onipresente
Teu espírito anima anos eternos,
Penetra e se espraia.
Se modifica, sustenta, dissolve, cria e cultiva.

Embora a Terra e a lua tenham desaparecido
E os sóis e os universos não mais existam,
E tu estejas sozinho,
Toda a existência existe em Ti.[8]

Mas o retorno à consciência comum é doloroso para ela: "Ó, terrível é a constatação – intensa a agonia", para "a alma sentir a carne, e a carne sentir as

---

7. *The Excursion*, Livro IV.
8. *No Coward Soul is Mine.*

correntes". A mesma deficiência aparece em Spenser; para ele, "tudo o que antes dava prazer agora dói", e o retorno é algo "que traz aversão a este mundo vil e a estas coisas que parecem alegres". A verdadeira alegria e serenidade do místico está perdida. Comparem-se estas passagens com a alegria e o deleite eternos de Traherne no mundo que o cerca: "O grão era o trigo precioso e imortal, que nunca deveria ser colhido ou semeado. Eu pensava que tivesse existido desde sempre. O pó e as pedras eram preciosos como ouro; os portões estavam inicialmente no fim do mundo. As verdes árvores, quando as vi pela primeira vez através de um dos portões, me transportaram e arrebataram, sua suavidade e beleza incomuns fizeram saltar meu coração e me deixaram quase louco de êxtase, eram coisas tão estranhas e maravilhosas... A Eternidade se manifestara à Luz do Dia, e algo infinito apareceu por trás de tudo."

Entretanto, mais próximo do Sábio taoísta, não se distinguindo de fato dele, está São Francisco de Assis, mais bem descrito por Pier Pettignano, que "teve a visão de uma soberba procissão de Apóstolos, Santos e Mártires, com a Virgem à frente, todos caminhando cuidadosamente e examinando o chão com tal seriedade, que deviam caminhar o mais próximo possível das pegadas de Cristo. Ao final deste cortejo da Igreja Triunfante vinha a figura pequena e miserável de São Francisco, de pés descalços e trajando uma túnica marrom, e ele era o único que caminhava com facilidade e firmeza sobre as pegadas de Nosso Senhor".

Na Cabala, o aspecto esotérico e místico da tradição hebraica, o Ain Soph é expresso, como o Tao, através da negação, e é seu equivalente na medida em que é o supremo incondicionado, além da compreensão limitada. É o Uno que não possui atributos; é imanente e transcendente, o mistério derradeiro e, como no Taoísmo, "aquilo diante do qual as palavras retrocedem". Não tem princípio nem fim; é o "Um sem um segundo", o ilimitado que inclui tudo.

Uma analogia é mantida com o Sephirot, que emerge do Ain Soph assim como as Dez Mil Coisas emergem do Tao, contendo todas as possibilidades no mundo visível. O equilíbrio *yin-yang* é expresso na Árvore Sefirótica, que possui seus lados direito, positivo, e esquerdo, negativo, os aspectos luz, ativo, e trevas, passivo, com a dualidade fluindo através dela, com Sephirot sendo o complemento de seu oposto e contendo dentro de si o germe de seu aspecto contrário mas complementar. Como *yin* e *yang*, os pares sefiróticos guardam suas qualidades distintivas, embora sejam inseparáveis. Isto faz com que a doutrina do equilíbrio e da harmonia seja fundamental à Cabala, que em toda a sua extensão mantém o simbolismo *yin-yang*. "O equilíbrio denota o masculino e feminino" e "embora haja equilíbrio, eles se intercomunicam e se juntam no Uno."[9] "Todas as coisas que existem no Microproscopus têm seu lado bom e seu lado ruim, direito e esquerdo, Piedade e Julgamento."[10] O homem nasce em duas metades, assim masculino e feminino passam a vida buscando sua "outra metade" complementar. O *yang* e o *yin* também são representados na dualidade como o Rei e

---

9. *The Book of Concealed Mystery*, 33.
10. *Qabalah*, cap. XXXIII.

a Rainha, enquanto o ser bicéfalo, Rei-Rainha, simboliza o ser andrógino, que alcançou a unidade. Isto liga o Absoluto, o Ain Soph Desconhecido, ao universo finito, a esfera das Dez Mil Coisas.

O reino da dualidade é um mundo refletido que torna o invisível temporariamente visível, que é um dos significados da frase "assim em cima, assim embaixo", freqüentemente citada. Esta doutrina de *maya* é expressa nas "vaidades" de Salomão, que espelham, ou refletem, a Realidade divina; porém, sendo reflexos, ou aspectos, elas têm a natureza de ilusões, inseparável da criação.

O "caos" da Cabala tem afinidades com o Tao enquanto "Mãe de todas as coisas", pois é dele que todas as coisas emanam e dele que a luz emerge.

Outros pontos de semelhança entre a Cabala e o Taoísmo são que o homem é visto como intermediário, na Cabala reconciliando e reintegrando Deus e sua criação, e no Taoísmo entre os poderes do Céu e da Terra; ele é o ponto central entre os mundos ou estados, assim como no simbolismo sefirótico o lado esquerdo e o direito possuem o pilar central como o terceiro mediador, exatamente como nos aspectos ativo e passivo do Tricéfalo, Kether, a Coroa Suprema, é o terceiro mediador. Os opostos existenciais são reconciliados no Divino.

A Cabala também reconhece níveis de percepção. *Yesod* é o do indivíduo limitado comum e deve ser transcendido para se alcançar o estado de *Tiphereth*, tornar-se consciente, e observar as ações e reações de estados inferiores. Atingindo este nível, obtêm-se equilíbrio, harmonia e sentimento de indiferença com relação às coisas mundanas, à exaltação e à culpa.

Assim como no Taoísmo tudo emerge do Tao e a ele retorna, também na Cabala tudo vem de Deus e para Ele retorna; retorna, de fato, para um ponto ou terreno que em verdade nunca deixou.

Ao aspecto exotérico das religiões monoteístas falta o equilíbrio das divindades masculino-femininas, que aparecem em todas as religiões antigas do mundo, em que cada deidade possui sua contrapartida. O Judaísmo exotérico, o Cristianismo e o Islamismo sofrem o excesso de um Deus essencialmente masculino; ele é Deus Pai à exclusão de sua consorte, a Deus Mãe. Este Deus masculino também está separado de sua criação. Mas a seita cristã primitiva dos gnósticos, que provavelmente tinha associações pré-cristãs – algumas autoridades acreditam que tenha sido influenciada pelos primitivos zoroastrianos babilônios e judeus –, escreveu em suas escrituras a respeito da Divindade: "De Vós, Pai, e por Vós, Mãe." Valentino, um membro desta seita que mais tarde a Igreja considerou uma heresia, disse que embora Deus esteja além da expressão, o divino deve ser visto como sendo masculino e feminino, sendo o Pai as Profundezas e o Inefável, e a Mãe a Graça e o Silêncio, um complementando o outro, apesar de, usando uma vez mais as palavras do *Tao Te Ching*, o princípio feminino "ser a Mãe de Tudo". *O Apócrifo de João* diz: "Ela existia antes deles todos, a mãe-pai", e em *The Trimorphic Protenoia* uma voz divina diz: "Sou andrógino."

Descobertas recentes de antigos textos gnósticos revelam uma ligação mais próxima entre as seitas primitivas cristãs e as religiões orientais do que aquela que se evidencia nos relatos deixados pelo Cristianismo ortodoxo. Parece ter havido a influência oriental de uma atitude nitidamente hindu-budista com relação ao pecado, que aparentemente entrou para o Gnosticismo através dos gimnossofistas, como os gregos os chamavam. Nos evangelhos gnósticos, não existe uma preocupação com o pecado e a culpa; ao invés disto, há uma postura oriental de que o pecado pode ser equiparado à ignorância. Esta ignorância pode ser remediada pela gnose, a busca de autoconhecimento e percepção. Quando alguém "adquire conhecimento, sua ignorância desaparece por si mesma, como as trevas desaparecem quando surge a luz, e como a deficiência desaparece quando é completada"[11]. Os gnósticos reconheciam as limitações da mente finita e seu objetivo era o esclarecimento, obtido através da relação direta e individual com a divindade; uma experiência viva, existencial, do "Uno Vivo". Este era o único "conhecimento" válido, e requeria harmonia, espontaneidade, abertura e percepção, que levavam à unidade final. Para "entrar no Reino... faças de dois um, igual o interior ao exterior e o exterior ao interior, e o que está acima com o que está abaixo e... do masculino e do feminino uma única e mesma coisa"[12].

O masculino e o feminino, como as Duas Grandes Forças, são complementares, e os dois juntos são responsáveis pelas emanações dos pares de energias harmônicas: "Mãe, Pai, unidade são a fonte de todo o círculo da existência."[13]

---

11. *The Gospel of Truth*.
12. *O Evangelho de Tomás*.
13. *Hippolytus*, 6, 17.

Há, no Gnosticismo, um elemento de renúncia ao mundo que guarda um paralelo com o Budismo, mas que é estranho ao Taoísmo clássico – *O Evangelho de Tomás* refere-se ao corpo como "pobreza" e ao espírito como "riqueza". Por outro lado, o Gnosticismo vê harmonia na criação e se junta às religiões e filosofias orientais ao considerar o divino e sua criação como sendo Uno. Também traz a mensagem universal: "desperta, tu que dormes" – "termina o sono que pesa sobre ti, afasta o esquecimento que te enche de trevas"[14]. Este é o ponto de partida que conduz à gnose e ao estado iluminado.

Assim como o Taoísmo protestava contra o convencionalismo extremado do Confucionismo, o movimento sufi era considerado uma revolta contra a luxúria, a vida devassa e a religião mecânica dos califas e de seus séquitos; mas acreditava-se que o Sufismo era originário das experiências do próprio Profeta e existia no Alcorão, que contém elementos de misticismo potencial e exercícios orientados para a união com o divino – a própria essência do misticismo. Seja como for, fato é que os sufis são os responsáveis por uma das mais requintadas formas de poesia mística do mundo. O Monasticismo, que produziu grande parte da literatura mística do Budismo e do Cristianismo, tendo sido proibido pelo Profeta, foi substituído por um sistema de santos, sábios e uma relação de iniciação entre mestre e aluno. Tanto no Taoísmo como no Hinduísmo e no Budismo, o noviço depende do Sábio, Guru, Mestre ou Xeque para trilhar o Caminho, pois este pode ser perigoso sem

---

14. *Teachings of Solomon*.

um guia experiente. No Islamismo, provavelmente mais do que em outros ramos religiosos do misticismo, a questão da união toma a forma de uma origem em direção a Deus; os sufis falam de diferentes estados como "estações", às quais só é possível chegar através de um esforço ininterrupto, ou, nas palavras de al-Ghazali, pela "aplicação espiritual" por parte daquele que segue o Caminho, em contraste com o progresso que se consegue não tanto pelo esforço pessoal quanto pela Graça Divina. "É preciso que perseveres até que Ele se mescle à tua Alma, e até que tua própria existência individual se perca de vista."[15] Em todo o misticismo a personalidade é transcendida e desaparece, todas as distinções deixam de existir: "A dualidade cessa e a unidade aparece. Ele permanece e você não, ou Ele morre em você e você permanece e Ele não. Ou ainda, vocês dois morrem em Deus e não prestam atenção a vocês mesmos, e isto é perfeição." "Eu e Tu significa dualidade, e dualidade é uma ilusão, pois só a Unidade é Verdade."[16] Ou, conforme disse al-Hallaj: "Eu sou Tu."

O caminho do sufi é o da gnose. Enquanto a vontade é o fator preponderante no Cristianismo, é o Intelecto que ocupa a primeira posição no Islamismo. O conhecimento místico de Deus é obtido através do Conhecimento. Todos os traços do ser devem desaparecer na Essência Divina. Nas palavras de al-Hallaj: "Dizer 'Eu' e 'Deus' é negar a unidade de Deus... amante, amado e amor são uma única coisa." Ele afirmava que não sentia a natureza dual do homem.

---

15. Jami, Nur al-Din, poeta e filósofo sufi afegão do séc. XV.
16. Ibn Yazid al-Bistami, filósofo sufi do séc. XIX.

Ibn Arabi expressa a unidade mística da vida em: "Meu coração se abriu a todas as formas; é um pasto para gazelas, um mosteiro para monges cristãos, um templo para ídolos, a Kaaba dos peregrinos, as Tábuas de Torah e o Alcorão. Pratico a religião do Amor seja qual for a direção em que suas caravanas avançam, a religião do Amor será minha religião e minha fé."

O misticismo islâmico tende a renunciar ao mundo e a tudo que a ele se liga, e existe aí um elemento de ascetismo, que depende, no entanto, de se colocá-lo em prática ou não.

No Islamismo existem os noventa e nove Nomes de Deus, mas o centésimo, o último, é o inominável, o indiferenciado, Ser Puro, o Uno; como o Tao, contém todas as possibilidades e tudo emerge a partir dele. Al-Ghazali, que como os taoístas e budistas acreditava que Deus não podia ser encontrado por especulação e estudo, diz que a Verdade Primordial não pode ser buscada, uma vez que é presente e visível; o resultado dessa busca a torna invisível e oculta. Tal noção encontra um paralelo nas palavras de Chuang Tzu: "Aqueles que julgam encontrar o Tao através do estudo procuram aquilo que não pode ser estudado; aqueles que acreditam obter o Tao através do esforço procuram aquilo que não pode ser obtido por esforço; aqueles que acreditam chegar ao Tao através da razão procuram aquilo que não pode ser encontrado pela razão."

Mas os místicos de todas as épocas e credos falam, afinal, a uma só voz, seja a metáfora ocidental da gota que retorna ao oceano, seja a expressão oriental do oceano sendo despejado na gota; todas são igualmente explícitas ao afirmarem: "Ser precedente, o Universo torna-se Eu"; e o hermético: "Aquilo que está abaixo é igual ao que está acima, e aquilo que está acima é igual ao que está abaixo, para a realização dos milagres da Substância Una." Este é o ensinamento básico de todo misticismo: o Microcosmo e o Macrocosmo não são mais do que reflexos um do outro e são o Uno.

Impressão e acabamento
Cromosete
GRÁFICA E EDITORA LTDA.
Rua Uhland, 307 - Vila Ema
Cep: 03283-000 - São Paulo - SP
Tel/Fax: 011 6104-1176